ORGANIZATION DEVELOPMENT 05

AI 거점 리더

ORGANIZATION DEVELOPMENT 05

AI 거점 리더

AI와 데이터로 조직을 혁신하는 플레이북

조용탁 지음

단순한 기술 도입을 넘어, 조직의 체질을 바꾸는 여정

감사의 글

한 권의 책이 세상에 나오기까지는 저자 한 사람의 힘을 넘어, 수많은 분들의 보이지 않는 지지와 헌신이 필요했습니다. 이 책이 있기까지 저의 곁을 지켜주고, 영감을 주며, 함께 길을 열어준 모든 분들께 진심으로 감사의 마음을 전합니다.

저의 오랜 고민과 아이디어가 'AI 거점 리더'라는 이름으로 구체화되고, 이 책으로까지 이어질 수 있도록 든든한 울타리가 되어준 한국지능정보사회진흥원NIA의 동료들께 깊은 감사를 드립니다. 넓은 혜안으로 방향을 제시해 주신 공공지능데이터본부 정종열 본부장님, 그리고 밤낮으로 함께 씨름하며 현실의 장벽을 넘어온 지능데이터기반행정팀 팀원들의 열정과 헌신이 없었다면 불가능했을 일입니다.

이 작은 불씨가 대한민국 행정 혁신의 큰 흐름으로 확장될 수 있도록 힘을 보태주신 행정안전부에도 감사의 인사를 전합니다. 'AI 거점 리더'의 가치를 알아보고, 더 넓은 장을 열어주신 행정안전부 공공지능데이터분석과 조아라 과장님, 홍성수 사무관님, 오현준

주무관님의 예리한 통찰과 적극적인 지원은 혁신의 가장 강력한 추진력이었습니다.

특히, 이 모든 이야기의 시작점에 함께했던 분들을 잊을 수 없습니다. 'AI 거점 리더'라는 개념을 처음 싹틔우고, 척박한 땅을 함께 일구었던 행정안전부의 김철 과장님, 한국데이터사이언티스트협회 신성진 대표님, 그리고 NIA의 강경훈 팀장님. 세 분의 선구적인 안목과 흔들리지 않는 믿음이 있었기에 오늘의 결실을 맺을 수 있었습니다.

마지막으로, 이 책의 진정한 주인공이신 80여 명의 행정공공기관의 'AI 거점 리더'들께 가장 뜨거운 감사를 드립니다. 각자의 현장에서 변화를 위해 고군분투하며 보여주신 열정과 용기, 그리고 성공과 실패의 생생한 경험들이 이 책의 모든 문장을 살아 숨 쉬게 했습니다. 여러분이야말로 대한민국 인공지능데이터기반정부의 희망이자 미래입니다.

이 외에도 일일이 이름을 거론하지 못했지만, 저의 생각에 귀 기울여 주고 격려를 아끼지 않으셨던 수많은 선배와 동료, 친구들에게도 고개 숙여 감사의 마음을 전합니다. 이 책이 AI 시대, 새로운 길을 찾는 모든 공직자들에게 작은 등대가 되기를 소망합니다.

차례

| 프롤로그 | **새로운 시대, 새로운 리더를 말하다** ──────── 013

왜 지금 '거점 리더'인가? / 013
단순한 기술 도입을 넘어, 조직의 체질을 바꾸는 여정 / 014
내가 만난 AI 거점 리더들의 이야기 / 015

제1부 | 왜 거점 리더인가?
시대적 소명과 역할 정의

제1장 행정의 패러다임이 바뀌고 있다 ──────── 019

디지털 전환을 넘어 AI·데이터기반행정으로   019
데이터, 예산과 인력에 버금가는 제3의 자원이 되다   021
성공적인 혁신은 '사람'에 달려있다   023

제2장 거점 리더, 그는 누구인가? ──────── 025

기술 전문가도, 정책 기획자도 아닌 '연결자'   026
시스템이 아닌 '문제'에 집중하는 탐험가   028
디지털 전환의 최전선에 선 '현장 사령관'   030

제2부 무엇을 갖춰야 하는가?
거점 리더의 4대 핵심 역량

제3장 역량 1 소통: 경계를 허무는 언어 ——— 035
기술과 현업, 시민을 잇는 '양방향 통역사' 036
데이터 문해력: 숫자에 의미를 부여하는 힘 038
설득과 조율의 기술: 갈등을 넘어 협력을 만드는 법 040
촉진자Facilitator로서 회의와 워크숍 이끌기 041

제4장 역량 2 문제 정의: 본질을 꿰뚫는 통찰 ——— 043
데이터로 진짜 문제 가설 세우고 검증하기 046
이해관계자 인터뷰와 현장 관찰의 중요성 048
문제 정의서Problem Statement 작성 실무 051

제5장 역량 3 학습: 끊임없이 진화하는 자세 ——— 054
최신 기술 동향을 놓치지 않는 법 055
AI 윤리, 개인정보보호, 데이터 거버넌스
　　: 반드시 알아야 할 것들 057
실패에서 배우기: 작게 시작하고 빠르게 반복하기Agile 060
함께 성장하는 학습 조직 만들기 062

제6장 역량 4 실행: 아이디어를 현실로 만드는 종합 능력 —— 064

업무^{Domain}, 기술^{Tech}, 표현^{Communication}의 삼위일체 —— 065
데이터 기반으로 일하는 방식(프로세스) 설계하기 —— 067
아이디어를 증명하는 시범 서비스^{PoC} 기획과 운영 —— 069
데이터 시각화와 스토리텔링
 : 결과를 매력적으로 보여주는 법 —— 072

제3부 | 어떻게 실행할 것인가?
거점 리더의 실전 플레이북

제7장 우리 조직 데이터 현주소 파악하기 —— 077

데이터 성숙도 진단하기: 인프라, 문화, 인력 —— 078
숨어있는 데이터 자산 발굴하기 —— 084
작은 성공$^{Small\text{-}win}$을 위한 첫 프로젝트 찾기 —— 086

제8장 성공적인 프로젝트 추진의 모든 것 —— 089

프로젝트 성공의 A to Z: 목표 설정부터 성과 측정까지 —— 090
 | 1단계 | 목표 설정$^{Goal\ Setting}$: '어디로 갈 것인가' —— 090

| 2단계 | 팀 구성 및 데이터 확보 Team Building & Data Acquisition:
　　　　'누구와, 무엇으로 싸울 것인가'　　　　　　　092
| 3단계 | 데이터 정제 및 탐색 Data Cleaning & Exploration:
　　　　'원석을 보석으로 다듬기'　　　　　　　　　093
| 4단계 | 분석 모델링 및 솔루션 개발 Modeling & Solution Development:
　　　　'통찰을 해결책으로 만들기'　　　　　　　　095
| 5단계 | 테스트 및 검증 Testing & Validation:
　　　　'실전에서 통하는지 확인하기'　　　　　　　096
| 6단계 | 결과 도출 및 시각화 Result & Visualization:
　　　　'숫자를 이야기로 바꾸기'　　　　　　　　　097
| 7단계 | 성과 보고 및 확산 Reporting & Scaling:
　　　　'작은 성공을 큰 변화로 키우기'　　　　　　098

제9장　조직의 저항을 넘어 변화를 이끄는 법 ──── 101

저항의 목소리에 귀 기울이기
　: "굳이 왜?"라는 질문에 답하기　　　　　　　　102
변화의 연대를 구축하라: 내부 조력자와 챔피언 만들기　104
성공 사례를 조직 전체로 확산시키는 전략　　　　106

제4부 | 어디로 나아갈 것인가?
거점 리더와 행정의 미래

제10장 거점 리더의 성장과 경력 경로 — 111
나만의 전문성 구축하기
: T자형 인재를 넘어 π자형 인재로 — 112
최고 데이터 책임자^{CDO}로 가는 길 — 114
최고 데이터 책임자^{CDO}를 넘어 최고 인공지능 책임자^{CAIO}로
가는 길 — 117
거점 리더들의 네트워크와 커뮤니티 — 118

제11장 AI·데이터기반행정의 미래상 — 121
데이터가 스스로 말하는 '예측 행정' — 122
시민 개개인을 위한 '초개인화 서비스' — 124
지능형 정부를 향한 제언 — 126

| 에필로그 | 변화의 중심에 설 당신에게 — 129
- 두려움을 넘어, 첫발을 내딛는 용기 / 130
- 당신이 바로 조직의 가장 중요한 자산이다 / 130

| 부록 | 1 거점 리더를 위한 실용 정보 / 135

2 용어 해설 / 142

3 현장 인터뷰 나는 이렇게 '거점 리더'가 되었다 / 147

4 실습 워크시트 및 체크리스트 / 152

5 자주 빠지는 함정과 극복 방법 / 159

6 상사와 조직을 설득하는 기술 / 165

7 참고 문헌 / 172

프롤로그

새로운 시대, 새로운 리더를 말하다

왜 지금 '거점 리더'인가?

"인공지능으로 행정을 혁신하라."
"데이터에 기반해 정책을 결정하라."

매일같이 쏟아지는 구호와 정책들 속에서 우리는 새로운 시대의 문턱에 서 있음을 직감합니다. 막대한 예산이 투입되고, 번듯한 시스템이 구축되며, 기술은 하루가 다르게 발전하고 있습니다. 하지만 우리의 일하는 방식과 조직의 문화는 과연 그 속도를 따라가고 있을까요? 현장의 최전선에서, 우리는 종종 거대한 변화의 흐름 앞에 망설이거나, 무엇부터 시작해야 할지 닥막함을 느끼곤 합니다.

기술과 현실 사이의 간극, 정책과 실행 사이의 거리. 이 공백을 메우고, 구호로만 맴도는 혁신을 우리 조직의 현실로 만들어낼 사람은 누구일까요?

이 책은 바로 그 '누군가'에 대한 이야기입니다. 저는 그들을 'AI 거점 리더'라 부르고자 합니다.

단순한 기술 도입을 넘어, 조직의 체질을 바꾸는 여정

이 책은 최신 AI 기술을 설명하거나 복잡한 데이터 분석 기법을 나열하는 기술 서적이 아닙니다. 번지르르한 시스템 도입 사례를 자랑하는 성공 사례집도 아닙니다. 이것은 '사람'에 대한 이야기이며, 조직의 '체질'을 바꾸는 기나긴 여정에 대한 안내서입니다.

AI·데이터기반행정은 단순히 새로운 소프트웨어를 설치하는 일이 아닙니다. 감과 경험에 의존하던 관행에서 벗어나, 데이터라는 새로운 언어로 소통하고, 객관적인 근거에 기반해 문제를 해결하며, 시민의 목소리를 더 가까이에서 듣는 방식으로 일하는 문화를 조직 전체에 뿌리내리게 하는 과정입니다.

이 여정은 때로는 외롭고, 수많은 장벽에 부딪히게 될 것입니다. 하지만 그 끝에는 투명하고 효율적인 정부, 시민에게 신뢰받는 행정이라는 값진 열매가 기다리고 있습니다. 이 험난하지만 의미 있는 길을 함께 걸어갈 동료이자 안내자, 그가 바로 AI 거점 리더입니다.

내가 만난 AI 거점 리더들의 이야기

지난 몇 년간, 저는 전국의 여러 기관에서 변화를 위해 고군분투하는 많은 공직자를 만났습니다. 그들은 공식적인 직함이나 직급을 가진 리더가 아닐 때가 많았습니다. 하지만 그들은 분명 조직의 변화를 이끄는 보이지 않는 구심점이었습니다.

IT 부서와 복지 부서 사이에서 양쪽의 언어를 통역하며 협업을 끌어냈던 이 주무관님, "우리가 진짜 해결해야 할 문제가 뭘까요?"라는 질문을 동료들에게 끊임없이 던지며 사업의 방향을 바로잡았던 안 사무관님, 점심시간을 쪼개 동료들과 함께 데이터 분석 스터디를 시작해 결국 부서의 핵심 과제를 성공으로 이끈 박 서기관님.

그들은 거창한 시스템을 기획하기보다 눈앞의 작은 문제를 데이터로 풀어내려 했고, 누구보다 동료들의 어려움에 공감하며 소통했습니다. 최신 기술을 맹신하지 않았지만, 배움에 게으르지 않았습니다. 그들은 기술과 사람, 시스템과 정책 사이에서 길을 찾고, 문제를 정의하며, 조직 전체를 새로운 길로 이끄는 진정한 '현장 사령관'이었습니다.

이 책은 제가 만났던 수많은 '이 주무관님'과 '안 사무관님'들의 지혜와 고민을 담은 기록입니다. 그리고 이제 막 변화의 중심에 서고자 하는 당신에게, 두려움을 넘어 첫발을 내딛을 용기와 구체적인 지침을 전하고자 합니다.

당신이 바로 우리 조직에 필요한 AI 거점 리더입니다.

제1부

왜
거점 리더인가?

:

시대적 소명과 역할 정의

제1장

행정의 패러다임이 바뀌고 있다

 우리는 지금 거대한 변화의 한복판에 서 있습니다. '전자정부'라는 이름으로 행정 전산화를 시작한 지 수십 년, 이제는 '디지털 전환Digital Transformation'을 넘어 'AI·데이터기반행정'이라는 새로운 시대로 나아가고 있습니다. 이것은 단순히 업무 도구가 바뀌는 수준의 변화가 아닙니다. 행정의 근본적인 철학과 방식, 즉 패러다임 자체가 전환되고 있음을 의미합니다.

디지털 전환을 넘어 AI·데이터기반행정으로

 과거의 '전자정부'가 종이 문서를 컴퓨터 파일로 옮기는 수준이었다면, 최근의 '디지털 전환'은 모바일과 클라우드 기술을 활용해 언제 어디서든 일하고 소통하는 환경을 만드는 데 집중했습니다. 민원 서류를 발급받기 위해 주민센터에 방문할 필요 없이 스마트폰으로 해결하는 것이 대표적인 예입니다. 이는 행정 서비스의 접근성과 편의성을 획기적으로 높였습니다.

하지만 'AI·데이터기반행정'은 여기서 한 걸음 더 나아갑니다. 단순히 정보를 디지털화하고 업무를 온라인으로 처리하는 것을 넘어, 축적된 데이터를 분석하여 드러나지 않았던 현상을 파악하고 미래를 예측하며, 이를 통해 더 나은 정책 결정을 내리는 것을 목표로 합니다. 즉, '더 편리한 행정'에서 '더 똑똑하고 유능한 행정'으로의 진화입니다.

예를 들어, 과거에는 민원이 들어온 후에야 문제를 파악하고 해결에 나섰다면, 이제는 민원 데이터를 분석하여 특정 시기와 장소에 반복적으로 발생하는 문제의 패턴을 찾아내고, 문제가 발생하기 전에 선제적으로 대응할 수 있게 됩니다. 더 나아가, 복지 분야에서는 전력 사용량, 통신 요금 체납 기록, 건강보험료 데이터 등을 종합적으로 분석하여 위기 징후가 보이는 가구를 먼저 찾아내 지원하는 '복지 사각지대 발굴 시스템'을 운영할 수 있습니다. 이는 행정이 '신청주의'의 한계를 넘어, 도움이 필요한 시민에게 먼저 다가가는 '발굴주의'로 나아가는 혁신입니다. 교통 분야에서는 과거의 교통량 통계에 의존해 버스 노선을 설계하는 대신, 실시간 교통 데이터와 유동인구 데이터를 분석해 최적의 노선을 탄력적으로 운영할 수도 있습니다.

이것은 행정이 '사후 대응'에서 '사전 예방'과 '미래 예측'으로 진화하는 결정적인 전환점이며, 정부가 시민의 삶을 더 깊이 이해하고 실질적인 문제를 해결하는 파트너가 됨을 의미합니다.

데이터, 예산과 인력에 버금가는 제3의 자원이 되다

전통적으로 행정의 3대 자원은 예산, 인력, 법령이었습니다. 무엇을 하든 돈과 사람이 필요했고, 법적 근거가 뒷받침되어야 했습니다. 하지만 이제 우리는 네 번째 핵심 자원을 이야기해야 합니다. 바로 '데이터'입니다.

과거에는 수많은 행정 활동의 결과로 데이터가 '생성'되는 부산물에 가까웠지만, 이제는 데이터가 새로운 행정 활동을 '시작'하게 하는 핵심 동력이자, 그 자체로 가치를 지닌 전략 자산이 되고 있습니다. 교통량 데이터는 새로운 도로 건설의 필요성을 증명하고, 질병 발생 데이터는 방역 정책의 우선순위를 결정하며, 에너지 사용량 데이터는 효율적인 도시 관리 계획의 근거가 됩니다.

이처럼 데이터는 더 이상 단순한 기록물이 아닙니다. 한정된 예산과 인력을 가장 필요한 곳에, 가장 효과적인 방법으로 투입할 수 있도록 길을 알려주는 '나침반'이자, 정책의 설득력을 높이는 '강력한 무기'입니다. 과거에는 담당자의 경험과 직관에 의존해 "A 지역에 예산을 더 투입해야 합니다"라고 주장했다면, 이제는 "A 지역의 지난 5년간 데이터를 분석한 결과, B 문제가 심화되고 있으므로 C 사업에 예산을 집중해야 합니다"라고 객관적인 증거를 기반으로 설득할 수 있게 됩니다. 이것이 바로 '경험 기반 행정'에서 '증거 기반 행정'으로의 전환입니다.

데이터를 가진 조직과 그렇지 못한 조직의 격차는 앞으로 더욱 벌어질 것입니다. 데이터를 전략적으로 축적하고 분석하여 정책적 통찰력을 얻는 조직은 시민의 신뢰를 얻고 혁신을 선도할 것이며, 그렇지 못한 조직은 비효율적인 정책을 반복하며 뒤처지게 될 것입니다. 데이터를 다루는 능력은 이제 선택이 아닌, 미래 행정가의 핵심 역량이 되었습니다.

성공적인 혁신은 '사람'에 달려있다

이러한 거대한 패러다임 전환의 중심에 기술이 있는 것은 분명합니다. 하지만 기술은 그 자체로 아무것도 해결해 주지 않습니다. 아무리 뛰어난 AI 알고리즘과 방대한 데이터가 있어도, 그것을 이해하고 활용하여 가치 있는 질문을 던지고, 데이터 분석 결과를 정책적 대안으로 연결하며, 변화에 따르는 갈등을 조율하고 동료들을 설득하는 것은 결국 '사람'의 몫입니다.

오히려 기술이 발전할수록 역설적으로 사람의 역할은 더욱 중요해집니다. AI는 주어진 데이터를 기반으로 최적의 답을 찾을 수는 있지만, "우리가 풀어야 할 가장 중요한 문제는 무엇인가?"라는 질문 자체를 던지지는 못합니다. 어떤 데이터를 활용할지, 분석 결과를 어떻게 해석하고 사회적 맥락 속에서 의미를 부여할지, AI의 판단에 숨어있을지 모를 편향성을 비판적으로 검토하고 윤리적 문제를 해결하는 주체는 반드시 인간이어야 합니다.

데이터 분석 결과가 하나의 '사실'을 보여줄 수는 있지만, 그 사실을 바탕으로 어떤 '가치'를 추구하고 어떤 '선택'을 할 것인지는 결국 사람의 영역입니다. 성공적인 AI·데이터기반행정은 최고의 시스템을 도입하는 것만으로 완성되지 않습니다. 기술의 가능성을 이해하고, 데이터의 가치를 알아보며, 조직의 변화를 이끌어갈 '사람'을 키워내는 것에서부터 진정한 혁신은 시작됩니다. 이 책이 주목하는 '거점 리더'가 바로 그 핵심에 있습니다.

제2장

거점 리더,
그는 누구인가?

앞서 우리는 AI와 데이터가 행정의 패러다임을 어떻게 바꾸고 있는지, 그리고 그 혁신의 중심에 결국 '사람'이 있음을 이야기했다. 그렇다면 기술과 현장, 정책과 실행 사이에서 변화를 이끌 그 사람은 대체 누구이며, 어떤 모습이어야 할까?

많은 이들이 'AI·데이터 전문가'라고 하면 복잡한 코드를 다루는 기술자나 최신 기술 동향을 꿰고 있는 연구자를 떠올린다. 물론 기술적 이해는 중요하다. 하지만 AI·데이터기반행정이라는 복잡한 과제는 한 분야의 전문가만으로는 결코 해결할 수 없다. 기술의 논리와 행정의 논리, 현장의 현실이 맞물려 돌아가는 지점에서 발생하는 문제들은 종합적인 시각을 요구하기 때문이다. 우리가 주목해야 할 '거점 리더'는 단순히 기술에 능통한 사람을 넘어선다. 그는 조직의 새로운 가능성을 열어가는 연결자Connector이자, 문제의 본질을 파고드는 탐험가Explorer이며, 혁신을 현실로 만드는 현장 사령관Field Commander이다.

기술 전문가도, 정책 기획자도 아닌 '연결자'

AI·데이터기반행정 프로젝트가 실패하는 가장 큰 이유 중 하나는 '소통의 단절'이다. 기술 부서는 현업의 어려움을 제대로 이해하지 못한 채 시스템 구축에만 몰두하고, 현업 부서는 기술 용어의 장벽 앞에서 무엇을 요구해야 할지조차 막막해한다. 정책 기획자는 현장의 데이터가 어떻게 생성되고 관리되는지 모른 채 이상적인 청사진만 그리기 쉽다. 이러한 단절은 결국 아무도 사용하지 않는 값비싼 시스템, 현장과 동떨어진 정책의 양산으로 이어진다.

거점 리더는 바로 이 단절된 지점들을 잇는 '다리'이자 '허브'이다. 그는 기술자의 언어와 현업 공무원의 언어, 정책 기획자의 언어, 나아가 시민의 언어까지 이해하고 조율하는 '양방향 통역사'가 되어야 한다. 단순 번역을 넘어, 각자의 입장에 숨겨진 맥락과 의도를 파악하고 공통의 목표를 설정하는 역할까지 수행한다.

예를 들어 보자. 기술팀이 "ETL 파이프라인을 구축해 데이터를 DW에 적재한 후, 쿠버네티스 클러스터 위에서 서빙해야 합니다"라고 말할 때, 현업 담당자는 외계어처럼 들릴 뿐이다. 이때 거점 리더가 나선다. "여기저기 흩어져 있는 엑셀 자료들을 매일 아침 자동으로 한 곳에 모으고, 클릭 몇 번만으로 최신 현황 보고서를 만들 수 있게 시스템의 길을 닦아 놓자는 이야기입니다. 지금까지 매주 반나절씩 하던 수작업을 없애자는 거죠." 반대로 현업팀이 "민원 처리 시스템을 개선해 주세요"라는 막연한 요구를 할 때, 거점 리더는 이를 기술팀이 이해할 수 있는 구체적인 문제로 바꿔준다. "반복적으로 접수되는 민원 텍스트 데이터에서 '소음', '주차' 같은 핵심 키워드를 자동으로 추출하고, 어떤 요일과 시간대에 민원이 급증하는지 패턴을 분석하는 기능이 필요합니다. 그리고 그 결과를 지도 위에 시각화해서 보여줄 수 있으면 완벽하겠습니다."

그는 어느 한쪽에 치우치지 않는다. 중간자이자 촉진자^{Facilitator}로서 서로 다른 배경을 가진 사람들이 한 테이블에 앉아 공동의 목표를 향해 나아가도록 돕는다. 거점 리더가 있는 조직은 부서 간의 보이지 않는 벽이 허물어지고, 서로의 언어를 배우며 '데이터'라는 공용어를 만들어가기 시작한다. 비로소 진정한 협업이 시작되는 것이다.

시스템이 아닌 '문제'에 집중하는 탐험가

"어떤 AI 시스템을 도입할까요?", "빅데이터 분석 플랫폼부터 구축해야 하지 않을까요?" 변화의 시작점에서 우리는 종종 '무엇을 만들 것인가^{What}'라는 방법에 매몰되곤 한다. 최신 기술이나 화려한 솔루션에 대한 막연한 기대로, 정작 가장 중요한 질문을 놓치는 우를 범한다. 하지만 좋은 시스템은 정확한 문제 정의에서 출발한다. 잘못 정의된 문제에 대한 완벽한 답은, 결국 아무 쓸모없는 답일 뿐이다.

거점 리더는 '무엇을 만들까'보다 '우리가 해결해야 할 진짜 문제는 무엇인가^{Why}'를 끊임없이 탐색하는 탐험가다. 그는 정형화된 요구사항 명세서 뒤에 숨겨진 조직의 진짜 맥락과 아픔을 들여다본다. "주차 단속 시스템을 AI 카메라로 고도화해 주세요"라는 요구를 받으면, 그는 단순히 더 좋은 카메라의 스펙을 비교하는 데 그치지 않는다. 대신, 탐험가의 질문을 던지기 시작한다.

먼저 그는 데이터를 파고든다. "불법 주차 단속 데이터 전체를 보여주세요. 어떤 요일, 어떤 시간대에, 어떤 종류의 차량이 주로 단속되나요?" 분석 결과, 특정 상업지구의 점심시간에 배달 오토바이와 영업용 승합차의 단속 건수가 폭발적으로 증가하는 패턴을 발견한다. 다음으로 그는 현장으로 나간다. 직접 그 지역을 걸으며 관찰하니, 식당은 즐비한데 잠시 정차할 공간조차 턱없이 부족한 현실이 눈에 들어온다. 마지막으로 그는 사람을 만난다. 주변 상인들과 배달 기사들을 인터뷰하며 그들의 고충을 듣는다. "10분만 세우고 물건 내리면 되는데, 주차장이 없으니 어쩔 수 없어요. 과태료 때문에 장사하기 힘듭니다."

이 과정을 통해 거점 리더는 문제를 재정의한다. 원래의 문제는 '불법 주차 단속의 효율성 저하'였지만, 탐험을 통해 발견한 진짜 문제는 '상업 활동을 위한 단기 주정차 공간의 절대적 부족'이었던 것이다. 이제 해결책은 완전히 달라진다. 더 강력한 단속 카메라가 아니라, '점심시간 특정 구간 15분 주정차 허용', '주변 빌딩 주차장 공유 시스템 도입'과 같은 창의적이고 근본적인 대안을 모색하게 된다. 이처럼 문제의 본질을 날카롭게 포착하고 명확하게 정의하는 능력이야말로, 한정된 자원으로 최고의 효과를 내야 하는 행정 혁신의 가장 중요한 첫 단추다.

디지털 전환의 최전선에 선 '현장 사령관'

'연결자'로서 협업의 기반을 닦고, '탐험가'로서 풀어야 할 문제를 정의했다면, 이제는 아이디어를 현실로 만들 시간이다. 이 과정에서 거점 리더는 조직의 디지털 전환을 최전선에서 이끄는 '현장 사령관'의 역할을 수행한다.

사령관은 후방의 안전한 지휘소에서 전략 지도만 보는 사람이 아니다. 그는 포화 속을 뚫고 부대를 지휘하며, 예기치 못한 변수에 대응하고, 작은 전투의 승리를 모아 전쟁의 승리를 끌어낸다. 거점 리더 또한 마찬가지다. 그는 데이터 분석 결과를 바탕으로 업무 프로세스 개선안을 설계하고, 작은 규모의 시범 서비스$^{\text{Proof of Concept}}$를 직접 운영하며 아이디어의 실효성을 증명해 보인다.

이 과정에서 수많은 기술적, 행정적 난관에 부딪히게 될 것이다. 데이터를 모으려고 하니 개인정보보호법에 가로막히고, 새로운 프로그램을 설치하려니 보안 규정이 발목을 잡는다. 동료들은 "괜히 일만 느는 것 아니냐"며 비협조적인 태도를 보이기도 한다. 하지만 사령관은 문제를 회피하지 않는다. 법률 전문가에게 자문하고, 보안팀을 설득하며, 동료들에게 작은 성공의 효용을 보여주며 뚫고 나간다. 그는 동료들을 독려하며 함께 해결책을 찾아 나선다.

그리고 그 성과를 내외부에 효과적으로 설명하고 전파함으로써, 작은 성공이 조직 전체의 더 큰 변화로 이어지는 마중물이 되게 한다. 단순히 "시범 운영 결과, 업무 처리 시간이 15% 단축되었습니다"라고 보고하는 데 그치지 않는다. "이번 시범 서비스를 통해, 담당자 한 명당 일주일에 평균 3시간의 반복적인 서류 작업 시간을 절약했습니다. 이 시간 덕분에 우리는 더 많은 시민과 직접 소통하며 실질적인 도움을 드릴 수 있었습니다"와 같이 구체적인 가치와 비전으로 스토리를 만들어 공유한다. 이런 성공 스토리는 다른 부서의 참여를 유도하고, 예산과 인력을 확보하는 가장 강력한 무기가 된다.

이처럼 거점 리더는 기술과 사람, 시스템과 정책 사이의 길을 찾는 안내자이자, 조직 전체를 디지털 혁신이라는 새로운 여정으로 이끄는 리더십의 구심점이다. 다음 2부에서는 현장 사령관인 거점 리더가 갖춰야 할 구체적인 역량, 즉 '4대 핵심 무기'에 대해 자세히 알아볼 것이다.

제2부

무엇을 갖춰야 하는가?
:
거점 리더의 4대 핵심 역량

제3장

역량 1
소통: 경계를 허무는 언어

    AI·데이터기반행정이라는 거대한 과업은 결코 혼자서 이룰 수 없다. 최고의 기술 전문가, 뛰어난 정책 기획자, 노련한 현업 담당자가 각자 자신의 역할만 해서는 시너지가 나지 않는다. 서로 다른 전문성과 경험을 가진 이들이 하나의 목표를 향해 나아갈 때, 비로소 데이터는 의미 있는 통찰력이 되고 아이디어는 실질적인 정책으로 구현된다. 이 모든 협업의 과정에서 가장 기본이 되면서도 가장 강력한 무기가 바로 '소통'이다.

    거점 리더에게 소통이란 단순히 말을 잘하는 능력을 의미하지 않는다. 그것은 보이지 않는 벽을 허물고, 서로 다른 언어를 연결하며, 공동의 이해를 만들어가는 모든 활동을 포함한다. 기술과 사람, 부서와 부서 사이를 흐르는 혈액과도 같은 소통 역량, 그 구체적인 모습은 무엇일까?

기술과 현업, 시민을 잇는 '양방향 통역사'

거점 리더는 제2장에서 정의했듯, 조직 내 여러 집단의 언어를 이해하고 번역하는 '양방향 통역사'의 역할을 수행해야 한다. 이 역할이 실패했을 때의 결과는 처참하다. 수억 원의 예산을 들인 시스템은 현장에서 외면받고, 기술팀은 "요구사항이 불분명했다"고 항변하며, 현업팀은 "쓸모없는 것을 만들어줬다"고 비난한다. 결국 남는 것은 부서 간의 깊어진 불신과 낭비된 예산뿐이다.

- **기술 → 현업/정책(단순 번역을 넘어 가치를 제시)**: 데이터베이스, API, 머신러닝 모델 같은 기술 용어를 현업 담당자가 이해할 수 있는 언어로 풀어 설명하는 것은 기본이다. "실시간 데이터 스트림 처리가 필요합니다"를 "버스 도착 정보처럼, 정보가 생기는 즉시 우리 시스템에 자동으로 들어와서 바로 분석할 수 있게 만들어야 합니다"라고 바꿔 말하는 것을 넘어, 이것이 어떤 가치를 가져다주는지 연결해야 한다. "이렇게 되면,

지금처럼 어제 자 데이터를 보고 뒷북치는 것이 아니라, 오늘 오전에 발생한 민원 폭주 지역을 오후에 바로 파악해서 순찰 인력을 즉시 투입하는 식의 발 빠른 대응이 가능해집니다." 기술의 도입이 '왜' 필요한지를 업무의 가치와 연결해 줄 때, 현업 담당자들은 단순한 업무 방식의 변화를 넘어 혁신의 동반자로 참여하게 된다.

- **현업/정책 → 기술 (숨겨진 의도를 구체적 요건으로)**: 현업의 고충이나 정책 목표에 담긴 진짜 필요를 기술자들이 이해할 수 있는 구체적인 요건으로 번역하는 것은 더욱 중요하다. "어르신들이 불편하지 않게 해주세요"라는 막연한 요구를 받았을 때, 거점 리더는 '탐험가'의 질문을 던져야 한다. "어르신들이 주로 어떤 상황에서, 어떤 부분에서 가장 큰 불편을 느끼시나요? 혹시 관련해서 들어보신 민원 사례가 있으신가요?" 이러한 대화를 통해 '글자가 너무 작아서 안 보인다', '단계가 너무 많아서 헷갈린다'는 핵심적인 문제Pain Point를 파악한다. 그리고 이를 "65세 이상 어르신들이 가장 많이 이용하는 민원 서비스 5개를 분석하고, 각 서비스 단계별 이탈률 데이터를 뽑아주세요. 글자 크기를 150% 키우고 절차를 3단계로 간소화하는 A안과, 모든 단계에 음성 안내를 추가하는 B안을 만들어 A/B 테스

트를 할 수 있는 환경을 만들어 주세요"와 같이 측정 가능하고 실행 가능한 기술 문제로 명확히 정의해 준다.

이 양방향 통역은 수동적인 전달이 아닌, 적극적인 가치 발견과 문제 정의의 과정이다. 원활한 통역이 이뤄질 때, 기술은 현장의 문제를 정확히 조준할 수 있고, 현업은 기술의 힘을 빌려 자신의 업무를 혁신하며 시민에게 더 나은 서비스를 제공할 수 있게 된다.

데이터 문해력: 숫자에 의미를 부여하는 힘

데이터 기반 시대의 소통은 '데이터'라는 새로운 언어를 필요로 한다. 여기서 말하는 데이터 문해력[Data Literacy]은 복잡한 통계 공식을 외우거나 코딩을 하는 능력이 아니다. **숫자와 그래프 뒤에 숨겨진 의미를 읽어내고, 그것을 다른 사람에게 설득력 있는 이야기 Story로 전달하는 능력을 의미한다.**

거점 리더는 "지난달 민원이 15% 증가했습니다"라는 사실[Fact]을 보고하는 데 그치지 않는다. 그는 데이터의 이면을 파고든다. "지난달 폭설 때문에 A 지역의 도로 파손 민원이 300% 급증한 것이 전체 민원 증가의 주요 원인입니다. 관련 데이터를 교차 분석해보니, A 지역은 5년 전부터 동절기 제설 작업 우선순위에서 항상 4순위로 밀려 있었습니다. 반면, 비슷한 도로 길이를 가진 B 지역은 항상 1순위였고, 이번 폭설에도 민원 증가율이 5%에 그쳤습니다."

여기서 한 걸음 더 나아가, 그는 이 분석 결과를 바탕으로 설득력 있는 이야기를 만든다. "지금까지 우리는 예산 부족을 이유로 A 지역의 제설 장비 확충을 미뤄왔습니다. 하지만 이번 데이터는 단기적인 제설 비용보다, 도로 파손 복구 비용과 시민들의 불편이라는 더 큰 사회적 비용이 발생하고 있음을 명확히 보여줍니다. A 지역의 제설 작업 우선순위를 B 지역과 동일하게 2순위로 상향 조정하고, 노후 장비 교체를 위한 예산 5천만 원을 편성할 것을 제안합니다. 이는 단순한 비용 지출이 아니라, 장기적으로 더 큰 예산을 아끼고 시민의 안전을 확보하는 현명한 투자가 될 것입니다."

이처럼 데이터에 맥락을 부여하고, 원인을 분석하며, 대안을 제시하는 '데이터 스토리텔링'은 감이나 경험에 의존하던 주장을 객관적인 근거로 뒷받침한다. 이로써 설득의 기반을 마련한다.

설득과 조율의 기술: 갈등을 넘어 협력을 만드는 법

 새로운 변화는 필연적으로 기존의 질서와 충돌하며 저항과 갈등을 낳는다. "굳이 하던 방식을 바꿔야 해?", "그 데이터는 우리 부서 소관인데 왜 공유해야 하지?", "그렇게 하면 내 업무가 더 늘어나는 거 아니야?"와 같은 목소리는 모든 혁신 과정에서 나타나는 자연스러운 반응이다.

 거점 리더는 이러한 갈등을 피하거나 억누르려 하지 않는다. 오히려 갈등을 테이블 위로 올려놓고, 각자의 입장을 투명하게 공유하도록 이끈다. 그리고 각 부서가 얻을 수 있는 이익Win-Win을 데이터로 명확하게 보여줌으로써 설득의 기반을 마련한다. 또한, 상대방의 우려를 경청하고 그들의 전문성을 존중하는 태도를 통해 신뢰 관계를 쌓는다.

 변화의 당위성을 일방적으로 주장하는 것이 아니라, 공동의 목표와 비전을 제시하며 '함께' 문제를 해결해 나가자는 파트너십을 구축하는 것, 이것이 갈등을 넘어 진정한 협력을 만들어내는 조율의 기술이다.

촉진자Facilitator로서 회의와 워크숍 이끌기

비효율적인 회의만큼 조직의 에너지를 갉아먹는 것도 없다. 거점 리더는 단순히 회의를 소집하고 주재하는 사회자MC를 넘어, 참석자들의 집단 지성을 끌어내는 촉진자Facilitator가 되어야 한다.

- **명확한 목표 설정**: 회의를 통해 무엇을 결정하고 얻어낼 것인지 사전에 명확히 공유한다.
- **참여적 환경 조성**: 직급이나 소속과 관계없이 누구나 자유롭게 아이디어를 낼 수 있는 안전한 분위기를 만든다. 특정인의 발언 독점을 막고, 침묵하는 구성원의 의견을 끌어낸다.
- **시각적 도구 활용**: 복잡한 논의는 화이트보드나 포스트잇을 활용하여 시각적으로 정리한다. 이를 통해 모두가 논의의 흐름을 놓치지 않고, 아이디어를 더 쉽게 발전시킬 수 있다.
- **실행 가능한 결론 도출**: 논의가 뜬구름 잡는 이야기로 끝나지 않도록, 회의 말미에는 항상 '그래서 우리는 무엇을What, 누가Who, 언제까지When 할 것인가'를 명확히 합의하고 기록으로 남긴다.

이처럼 잘 설계된 소통의 장場을 통해 거점 리더는 흩어져 있던 개인의 지식을 조직의 자산으로 바꾸고, 혁신을 위한 강력한 추진력을 얻게 된다.

제4장

역량 2
문제 정의: 본질을 꿰뚫는 통찰

훌륭한 소통으로 협업의 물꼬를 텄다면, 이제 그 힘을 어디에 집중해야 할까? AI·데이터기반행정 프로젝트가 겉돌거나 실패로 끝나는 또 다른 결정적인 이유는 '문제 정의'의 실패에 있다. 처음부터 잘못된 문제를 풀기 시작하면, 아무리 뛰어난 기술과 막대한 예산을 투입해도 원하는 목적지에 닿을 수 없다. 그것은 마치 엉뚱한 벽에 아주 튼튼하고 아름다운 사다리를 놓고 열심히 올라가는 것과 같다. 아무리 높이 올라가도 원하는 곳에 도달할 수 없으며, 오히려 풀지 않아도 될 문제를 푸느라 조직의 소중한 시간과 에너지만 낭비하게 된다.

거점 리더는 눈앞에 주어진 과업을 그대로 수행하는 사람Executor

이 아니라, 풀어야 할 진짜 문제가 무엇인지 집요하게 파고드는 탐색가여야 한다. 표면적인 현상 뒤에 숨겨진 본질을 꿰뚫어보는 통찰력, 이것이 거점 리더의 두 번째 핵심 역량, '문제 정의'이다.

"어떤 시스템을 만들까"가 아닌 "어떤 문제를 해결할까"

많은 프로젝트가 "AI 기반 민원 챗봇을 만듭시다" 또는 "빅데이터 통합 관제 플랫폼을 구축합시다"와 같이 '무엇을 만들지What'에 대한 논의로 시작한다. 이는 이미 해결책, 즉 솔루션을 정해놓고 문제를 끼워 맞추는 '솔루션 함정Solution Trap'에 빠지기 쉽다. 기술 도입 자체가 목적이 되어, 정작 시스템이 완성된 후에는 아무도 쓰지 않거나 현장의 문제를 해결하는 데 아무런 도움이 되지 않는 결과로 이어지기도 한다.

거점 리더는 질문의 순서를 바꾼다. "어떤 시스템을 만들까"가 아니라 "우리가 해결해야 할 진짜 문제는 무엇인가Why"부터 묻는다. 이 질문의 전환은 사소해 보이지만, 프로젝트의 운명을 좌우하는 가장 중요한 분기점이다.

예를 들어, 'AI 민원 챗봇 구축'이라는 과제가 주어졌다고 가정해보자. 거점 리더는 곧바로 시스템 기획에 착수하는 대신, 마치 탐정처럼 근본적인 질문을 던지며 문제의 뿌리를 파고든다. 이때 유용한 도구가 바로 '5 Whys' 기법이다. 꼬리에 꼬리를 무는 질문을 통해 표면적인 문제 너머의 근본 원인을 찾아내는 것이다.

① Why? "왜 우리는 챗봇이 필요하다고 생각하는가?"
→ "단순 반복 문의 전화가 너무 많아 민원 담당자들이 핵심 업무에 집중하지 못하고 있기 때문이다."

② Why? "왜 단순 반복 문의가 많은가?"
→ "시민들이 홈페이지에서 원하는 정보를 찾기 어려워하기 때문이다."

③ Why? "왜 시민들은 정보를 찾기 어려워하는가?"
→ "가장 자주 찾는 정보(예: 쓰레기 배출일, 여권 발급 절차)가 너무 깊숙이 숨겨져 있거나, 사용된 행정 용어가 너무 어렵기 때문이다."

④ Why? "왜 정보가 숨겨져 있고 용어가 어려운가?"
→ "홈페이지가 공급자(부서별) 관점에서 설계되었고, 시민의 눈높이에서 콘텐츠를 검토하는 절차가 없었기 때문이다."

⑤ Why? "왜 시민 중심의 검토 절차가 없었는가?"
→ "지금까지 홈페이지 개선은 디자인 변경이나 기능 추가에만 초점을 맞췄을 뿐, 정보 구조와 콘텐츠 자체의 품질을 관

리하는 책임 부서가 불분명했기 때문이다."

이처럼 '왜'라는 질문을 파고들다 보면, 진짜 문제는 '반복 문의를 처리할 인력 부족'이 아니라 '공급자 중심의 정보 제공 방식과 품질 관리 체계의 부재'임이 드러난다. 이 시점에서 해결책은 값비싼 챗봇 시스템 구축이 아닐 수 있다. 어쩌면 시민들이 가장 많이 검색하는 키워드를 분석해 홈페이지 첫 화면에 관련 메뉴를 배치하고, 어려운 행정 용어를 쉬운 말로 풀어쓴 '알기 쉬운 민원 안내' 시리즈를 만드는 것만으로도 문제의 80%를 해결할 수 있다. 문제의 본질에 집중할 때, 우리는 더 적은 비용으로 더 큰 효과를 내는, 더 현명한 해결책을 찾을 수 있다.

데이터로 진짜 문제 가설 세우고 검증하기

문제 정의는 직관이나 감에 의존하는 과정이 아니다. 그것은 데이터를 기반으로 가설을 세우고, 그 가설을 다시 데이터로 검증해 나가는 과학적인 탐구 과정에 가깝다. 데이터는 우리가 가진 막연한 문제 인식을 날카롭고 구체적인 가설로 바꿔주는 역할을 한다.
'청년 인구 유출이 심각하다'는 막연한 문제 인식이 있다면, 거점 리더는 이를 구체적인 데이터 기반 가설로 발전시킨다.

- **가설 1**: "우리 지역의 청년들은 양질의 일자리가 부족해서 떠나는 것일 거다."(검증 데이터: 통계청 지역별 고용조사 마이크로데이터, 일자리 정보 사이트의 지역별 채용 공고 데이터)
- **가설 2**: "높은 주거 비용 때문에 정착하지 못하는 것일 거다."(검증 데이터: 국토교통부 부동산 실거래가 데이터, 지역별 평균 소득 대비 주택가격 비율(PIR) 데이터)
- **가설 3**: "즐길 만한 문화·여가 시설이 부족해서일 수도 있다."(검증 데이터: 지역 내 문화시설 수 및 관련 예산 데이터, 소셜미디어에서 '지역명+놀거리' 언급량 분석 데이터)
- **가설 4**: "열악한 대중교통 때문에 출퇴근에 어려움을 겪는 것일 수도 있다."(검증 데이터: 교통카드 이용 데이터 기반 출퇴근 시간 및 환승 횟수 분석, 배차 간격 데이터)

각 가설을 검증하기 위해 필요한 데이터를 탐색하고 교차 분석하는 과정은, 마치 안개 속에서 한 걸음씩 나아가며 길을 찾는 것과 같다. 이 과정에서 예상치 못했던 새로운 사실, 즉 '숨겨진 진실 Hidden Truth'을 발견하는 순간이 찾아온다. 예를 들어, "분석 결과,

양질의 일자리는 인근 도시에 비해 부족하지 않았으나, 그곳으로 출퇴근하는 청년들의 평균 대중교통 소요 시간이 90분을 넘어가면서 삶의 질이 현저히 저하되는 것이 이탈의 핵심 원인이었다"와 같은 결론에 도달할 수 있다.

이 발견의 파급력은 엄청나다. 정책의 방향이 '수천억 원이 드는 기업 유치'에서 '광역버스 노선 신설 및 배차 간격 단축'이라는 훨씬 더 구체적이고 즉각적인 해결책으로 전환될 수 있기 때문이다. 이처럼 데이터에 기반한 가설 검증은 정책의 효율성과 정확성을 극대화하고, 예산 낭비를 막는 가장 확실한 방법이다.

이해관계자 인터뷰와 현장 관찰의 중요성

데이터가 문제의 '무엇What'과 '어디서Where'를 알려준다면, 그 '왜Why'와 '어떻게How'에 대한 깊은 이해는 현장의 사람들에게서 찾을 수 있다. 데이터 분석만으로는 차가운 숫자 뒤에 숨겨진 사람들의 생각과 감정, 불편함의 진짜 이유를 알기 어렵다.

따라서 거점 리더는 데이터 분석과 함께 반드시 이해관계자 인터뷰와 현장 관찰을 병행해야 한다. 이것은 정량적 데이터와 정성적 데이터를 결합하여 문제에 대한 입체적인 시각을 확보하는 과정이다.

- **깊이 있는 인터뷰**: 정책 담당자, 현업 공무원, 그리고 가장 중요한 정책의 최종 수혜자인 시민들을 직접 만나 깊이 있는 이야기를 듣는다. 이때 "이 시스템이 불편하지 않으신가요?"와 같은 유도 질문이 아닌, "이 업무를 처리하실 때 보통 어떤 순서로 진행하시나요? 혹시 가장 시간이 오래 걸리거나 번거롭다고 느끼는 부분은 어디인가요?"와 같이 경험을 묻는 개방형 질문을 던지는 것이 중요하다. 인터뷰 결과를 바탕으로 '공감 지도$^{Empathy\ Map}$'를 작성해 보는 것도 좋은 방법이다. 이것은 사용자의 입장이 되어 그들의 경험을 입체적으로 이해하려는 시각적 도구다. 팀원들과 함께 인터뷰 결과를 바탕으로 지도를 채워나가다 보면, 흩어져 있던 정보들이 하나의 인격체^{Persona}를 중심으로 의미 있게 재구성되는 경험을 할 수 있다.

공감 지도 예시: 홈페이지에서 민원 정보를 찾으려는 60대 시민

- **보고 듣는 것**$^{See\ \&\ Hear}$: 작은 글씨와 복잡한 메뉴, 주변 자녀로부터 "이것도 못 찾으세요?"라는 핀잔, 뉴스에서 떠드는 '디지털

정부'라는 낯선 단어

- **말과 행동**^{Say & Do}: "글씨가 너무 작아서 안 보여", "결국 전화로 물어보는 게 빠르겠다"고 말한다. 모니터에 얼굴을 가까이 대고, 여러 메뉴를 반복해서 클릭하다가 결국 포기하고 전화기를 든다.
- **생각과 감정**^{Think & Feel}: '내가 시대에 뒤처지는구나' 하는 소외감, '자꾸 물어보기 미안하다'는 자책감, 원하는 것을 스스로 해결하지 못하는 좌절감과 무력감을 느낀다.
- **핵심 고충**^{Pains}: 어려운 행정 용어, 복잡한 정보 구조로 인한 시간 낭비, 디지털 기기 사용 자체에 대한 심리적 장벽
- **핵심 기대**^{Gains}: 누구나 쉽게 알아볼 수 있는 큰 글씨, 한두 번의 클릭으로 원하는 정보를 찾는 단순함, 스스로 문제를 해결하는 성취감

사용자가 무엇을 보고, 듣고, 생각하고, 느끼는지를 정리하다 보면, 그들의 숨겨진 욕구와 문제점을 더 깊이 이해할 수 있다.

- **맥락을 파악하는 현장 관찰**: 민원인이 되어 직접 서류를 발급받아 보거나, 현장 공무원의 업무 과정을 옆에서 조용히 지켜

보는 '섀도잉Shadowing'은 데이터로는 결코 파악할 수 없는 생생한 맥락을 제공한다. 예를 들어, 데이터상으로는 '민원 처리 시간 5분'으로 기록되지만, 실제 현장에서는 어르신이 용어를 몰라 여러 창구를 헤매는 시간, 담당자가 특정 파일을 찾기 위해 여러 시스템을 전전하는 시간 등 보이지 않는 비효율이 숨어 있을 수 있다. 사용자들이 공식적인 절차를 무시하고 자신들만의 편법Workaround을 만들어 쓰는 것을 발견한다면, 그것은 현재 시스템에 심각한 문제가 있다는 강력한 신호다.

책상 앞을 벗어나 현장으로 나아갈 때, 비로소 데이터는 살아있는 의미를 얻고, 우리의 문제 정의는 더욱 날카로워진다.

문제 정의서Problem Statement 작성 실무

이렇게 탐구와 검증을 통해 명확해진 문제는 한두 문장의 명료한 '문제 정의서Problem Statement'로 정리되어야 한다. 잘 작성된 문제 정의서는 프로젝트팀 전체가 동일한 목표를 바라보게 하고, 향후 의사결정 과정에서 길을 잃지 않게 만드는 '북극성'과 같은 역할을 한다. 특히 프로젝트가 진행되면서 새로운 요구사항이 추가

되거나 방향이 흔들릴 때, "우리가 원래 풀려고 했던 문제가 이것이 맞나?"를 되돌아보는 중요한 기준이 된다.

좋은 문제 정의서는 '솔루션'을 암시하지 않고, 오직 '문제' 그 자체에만 집중한다.

- 나쁜 예시: "지능형 CCTV를 활용하여 심야 시간 여성의 안전한 귀갓길을 보장한다."(→ 해결책을 이미 정해버렸다.)
- 좋은 예시: "우리 시에 거주하는 20대 1인 여성 가구는, 데이터 분석 결과 가로등 고장 및 순찰 부족이 확인된 특정 골목길을 지날 때 늦은 밤 귀갓길에 대한 불안감을 느끼고 있다."(→ 누가, 어떤 상황에서, 무엇을 느끼는지 명확히 기술했다.)

문제 정의서에는 보통 다음과 같은 요소가 포함되어야 한다.

- 사용자User: 누가 이 문제를 겪고 있는가?(구체적일수록 좋다. 예: '시민'보다는 '대중교통으로 출퇴근하는 직장인')
- 문제Problem: 그들의 핵심적인 어려움, 해결되지 않은 욕구는 무엇인가?(정량적/정성적 근거를 포함하면 좋다.)
- 통찰Insight: 왜 이 문제가 발생하는가? 그 근본 원인은 무엇인

가?(데이터 분석이나 인터뷰를 통해 발견한 핵심 원인)

[예시] "대중교통으로 출퇴근하는 우리 시 직장인들은(User), 버스 도착 정보의 잦은 오류와 긴 배차 간격 때문에 출퇴근 과정에서 예측 불가능한 대기 시간을 겪으며 스트레스를 받고 있다(Problem). 이는 데이터 분석 결과, 특정 노선에 운행 버스 대수가 부족하고 실시간 교통정보가 제대로 반영되지 않기 때문이다(Insight)"는 다음 단계의 질문으로 나아갈 준비를 마치게 된다.

제5장

역량 3
학습: 끊임없이 진화하는 자세

 훌륭한 소통으로 협업의 기반을 닦고, 날카로운 문제 정의로 나아갈 방향을 설정했다. 하지만 우리가 서 있는 땅은 단단한 아스팔트가 아니라 끊임없이 움직이는 컨베이어벨트와 같다. 어제 각광받던 기술이 하루아침에 낡은 것이 되고, 오늘 당연했던 정책 환경이 내일은 완전히 뒤바뀔 수 있다. 이런 환경에서 '한번 배운 지식'에만 의존하는 것은, 낡은 지도를 들고 급변하는 전장을 헤매는 것과 같다. 결국 길을 잃고 고립될 수밖에 없다.
 이처럼 변화가 상수常數가 된 시대에, 멈춰있는 리더는 곧 도태된 리더다. 거점 리더는 한번 지식을 습득하는 것으로 만족하는 사람이 아니라, 스스로를 끊임없이 업데이트하며 진화하는 '살아있는 운영체제 Living OS'와 같아야 한다. 새로운 패치가 나오면 즉시 다운로드하여 시스템을 최적화하는 운영체제처럼, 세상의 변화에 맞춰 자신의 지식과 기술, 관점을 계속해서 갱신해야 한다. 모르는 것을 인정하는 겸손함, 새로운 것을 배우려는 호기심, 그리고 그 배움을 동료들과 함께 나누려는 의지. 이것이 바로 거점 리더의 세 번째 핵심 역량, '학습'이다.

최신 기술 동향을 놓치지 않는 법

"저는 개발자가 아닌데, 저 복잡한 기술들을 다 알아야 하나요?" 많은 리더들이 갖는 부담감이다. 하지만 거점 리더에게 필요한 기술 학습은 모든 기술의 내부 원리를 파고드는 깊이 있는 전문지식이 아니다. 새로운 기술이 '**무엇**What'이며, 그것이 '**왜**Why' 중요하고, 우리 조직의 문제를 해결하는 데 '**어떻게**How' 활용될 수 있는지 그 가능성을 이해하는 것이다. 마치 훌륭한 지휘관이 모든 병사의 소총을 직접 분해·조립할 필요는 없지만, 각 무기의 특성과 유효 사거리, 전술적 가치를 정확히 알아야 하는 것과 같다.

이를 위해서는 의식적인 노력이 필요하다.

- **자신만의 '학습 대시보드' 만들기**: 정보의 홍수 속에서 길을 잃지 않으려면 자신만의 채널을 구축해야 한다. 예를 들어, 국내에서는 한국지능정보사회진흥원[NIA]에서 발행하는 보고서를, 해외에서는 MIT Technology Review나 Gartner 같은 IT 전문 미디어의 리포트를 정기적으로 확인한다. 관심 분야 전문가 몇 명의 소셜 미디어를 구독하고, RSS 리더기 같은 도구를 활용해 매일 아침 30분씩 헤드라인만이라도 훑어보는 습관을 들이는 것이 좋다.

- **기술의 가치를 현업 언어로 번역하는 연습**: 새로운 기술을 접했을 때, 단순히 '생성형 AI'라는 이름만 아는 데서 그치지 않고 그 본질을 우리 조직의 문제와 연결해 보는 사고 훈련을 해야 한다. (What) "생성형 AI는 방대한 데이터를 학습해서 사람처럼 글이나 그림, 코드를 만들어내는 기술이다." → (Why) "이것이 왜 중요한가? 우리 조직의 수많은 보고서 작성, 회의록 요약, 민원 답변 초안 작성과 같은 반복적인 업무를 자동화해서, 직원들이 더 창의적이고 전략적인 일에 집중할 시간을 벌어줄 수 있기 때문이다." → (How) "어떻게 활용할 수 있을까? 우선 우리 부서의 지난 1년간의 보도자료를 학습시켜, 새로운 보도자료의 초안을 90% 수준까지 자동으로 작성하게 하는 작은 시

범 프로젝트부터 시작해 볼 수 있겠다."
- **외부와의 적극적인 연결**: 내부의 목소리에만 갇히지 않도록 의도적으로 외부와 연결되어야 한다. 관련 포럼이나 세미나에 참여하는 것을 넘어, 다른 기관의 담당자와 정기적으로 교류하는 스터디 그룹을 만들거나, 기술 기업이 주최하는 웨비나에 참여하여 현장의 생생한 목소리를 듣는 것이 중요하다. 이러한 활동은 새로운 아이디어를 얻는 통로이자, 우리 조직의 현재 위치를 객관적으로 파악하는 거울이 되어준다.

AI 윤리, 개인정보보호, 데이터 거버넌스
: 반드시 알아야 할 것들

기술의 발전은 우리에게 새로운 가능성을 열어주지만, 동시에 새로운 책임과 위험을 안겨준다. 특히 국민의 삶에 직접적인 영향을 미치는 행정 분야에서 기술의 오남용은 심각한 사회적 불평등과 불신을 초래할 수 있다. 거점 리더는 기술의 활용법뿐만 아니라, 그 기술을 책임감 있게 사용하기 위한 규범과 원칙에 대해서도 끊임없이 학습해야 한다. 이것은 선택이 아닌 의무다.

- **AI 윤리** – 공정성과 책임성의 확보: AI는 학습한 데이터를 그대로 반영하는 거울과 같다. 만약 과거의 편향된 데이터를 학습한다면, AI는 그 편향을 더욱 증폭시켜 불공정한 결정을 내릴 수 있다. 예를 들어, 과거 특정 지역의 범죄 데이터를 학습한 AI가 해당 지역 주민들을 잠재적 범죄자로 예측하여 행정력을 집중시킨다면, 이는 명백한 차별이다. 거점 리더는 이러한 '데이터 편향성Bias'의 위험을 인지하고, 다양한 데이터를 균형 있게 학습시키려는 노력을 기울여야 한다. 또한 AI의 판단 과정을 설명할 수 없는 '**블랙박스**' 문제를 경계해야 한다. "AI가 그렇게 판단했습니다"라는 말은 행정의 '설명 책임 원칙'에 위배된다. 왜 그런 결정이 내려졌는지 시민이 납득할 수 있도록 설명할 수 있는 기술(XAI, 설명가능 인공지능)에 대한 이해와 도입을 고민해야 한다.
- **개인정보보호** – 신뢰의 초석: 데이터 활용과 개인정보보호는 대립하는 가치가 아니라 함께 가야 할 동반자다. 시민들은 자신의 정보가 안전하게 관리되고 있다는 신뢰가 있을 때 비로소 데이터를 제공한다. 관련 법규를 숙지하는 것을 넘어, 시스템 설계 단계부터 개인정보보호를 내재화하는 '**사전설계 개인정보보호**Privacy by Design' 원칙을 이해해야 한다. 예를 들어, 민원

분석을 위해 데이터를 수집할 때, 처음부터 이름이나 연락처 같은 불필요한 정보는 수집하지 않고, 수집된 정보는 즉시 가명·익명 처리하여 분석에 활용하는 프로세스를 만드는 것이다. 이는 사고가 터진 후 수습하는 것이 아니라, 처음부터 사고의 가능성을 차단하는 현명한 접근법이다.

- **데이터 거버넌스** – 질서 있는 데이터 활용 체계: 데이터가 '제3의 자원'이라면, 이 자원을 체계적으로 관리하는 규칙이 필요하다. 그것이 바로 데이터 거버넌스다. '누가 데이터에 접근할 수 있는가?', '데이터의 품질은 누가 책임지는가?', '데이터의 용어는 어떻게 표준화할 것인가?', '부서 간에 데이터를 어떻게 공유하고 활용할 것인가?' 등 데이터의 생성부터 폐기까지 전 과정에 대한 명확한 규칙과 책임 체계를 세우는 것이다. 이는 마치 도서관의 도서관리 시스템과 같다. 책(데이터)이 어디에 있고, 누가 빌려 갔으며, 상태는 양호한지 관리하는 체계가 없다면 도서관은 곧 무질서한 창고로 변해버릴 것이다. 데이터 거버넌스는 데이터기반행정이라는 집을 짓는 가장 기초적인 인프라이자, 조직의 데이터 활용 수준을 가늠하는 척도다.

실패에서 배우기: 작게 시작하고 빠르게 반복하기 Agile

학습은 책상에 앉아 지식을 습득하는 것만으로 완성되지 않는다. 가장 값진 배움은 종종 '실패'라는 경험을 통해 얻어진다. 특히 불확실성이 높은 혁신 프로젝트에서, 처음부터 모든 것을 예측하고 완벽한 계획을 세우는 것은 불가능에 가깝다. 단 한 번의 완벽한 성공을 노리다가 아무것도 시도하지 못하는 것보다, 작은 실패를 통해 배우고 빠르게 개선해나가는 것이 훨씬 현명한 전략이다.

이는 '린 스타트업 Lean Startup'이나 '애자일 Agile' 방법론의 핵심 철학과도 맞닿아 있다. 거창한 계획 대신, 실행 가능한 작은 가설을 세우고 그것을 빠르게 검증하는 '만들기 Build → 측정 Measure → 학습 Learn'의 순환 고리를 반복하는 것이다.

- **만들기 Build - 최소기능제품 MVP**: '스마트 주차 종합 시스템'이라는 거대한 목표 대신, '공영주차장 1곳의 실시간 주차 가능 대수 정보 제공'이라는 작은 가설을 검증할 수 있는 최소한의 기능 Minimum Viable Product, MVP을 빠르게 만들어 본다. 거창한 앱 개발 대신, 간단한 웹페이지나 QR코드 안내판으로 시작할 수도 있다.

- **측정**Measure – **핵심 지표 설정**: 시제품을 시민에게 공개하고, 반응을 데이터로 측정한다. 이때 중요한 것은 허상 지표(예: 페이지 총 방문자 수)가 아닌, 우리의 가설을 검증할 수 있는 핵심 지표(예: 정보를 확인한 차량의 평균 주차 소요 시간 단축률, 서비스 만족도)를 측정하는 것이다.
- **학습**Learn – **방향 전환 또는 유지**: 측정 결과를 바탕으로 우리의 가설이 맞았는지 틀렸는지 객관적으로 평가한다. 만약 주차 시간 단축 효과가 미미하고, 시민들은 오히려 '요금 사전 결제 기능'을 더 원한다는 사실을 알게 되었다면, 우리는 방향을 과감하게 전환Pivot해야 한다. 이 학습 결과가 다음 순환의 새로운 가설이 된다.

이러한 접근은 실패의 비용을 최소화하고, 진짜 사용자가 원하는 방향으로 나아갈 확률을 높여준다. 거점 리더는 '실패는 용납되지 않는' 경직된 조직 문화에 맞서, 실패를 비난의 대상이 아닌 '성공을 위한 가장 값진 학습 데이터'로 재정의하고, 이를 용인하고 장려하는 새로운 문화를 심는 선구자가 되어야 한다.

함께 성장하는 학습 조직 만들기

거점 리더 한 사람의 학습만으로는 조직 전체를 바꿀 수 없다. 리더의 가장 중요한 역할 중 하나는 자신의 학습 경험을 공유하고, 팀원 모두가 함께 배우고 성장하는 '학습 조직Learning Organization' 문화를 조성하는 것이다.

- **지식 공유의 장 마련**: 정기적인 스터디 그룹이나 '브라운 백 미팅(점심시간을 활용한 간단한 세미나)'을 통해 구성원들이 각자 배운 것을 자유롭게 공유하는 자리를 만든다.
- **안전한 질문 환경 조성**: "그런 것도 몰라?"라는 핀잔 대신, "좋은 질문이네요. 같이 찾아봅시다"라고 말하며 호기심을 장려하고, 모르는 것을 드러내는 것을 두려워하지 않는 심리적 안전감을 제공한다.
- **외부 자극 활용**: 외부 전문가를 초빙하여 특강을 듣거나, 유용한 온라인 강의나 교육 프로그램을 팀원들에게 적극적으로 추천하고 지원한다.

리더가 먼저 배우고 질문하는 모습을 보일 때, 팀원들도 자연스럽게 배우는 즐거움에 동참하게 된다. 이렇게 지식이 흐르고 함께 성장하는 조직이야말로, 어떤 변화의 파도가 닥쳐와도 유연하게 대응하며 항해를 계속해나갈 수 있다.

제6장

역량 4
실행: 아이디어를 현실로 만드는 종합 능력

지금까지 우리는 거점 리더가 갖춰야 할 세 가지 핵심 역량인 소통, 문제 정의, 학습에 대해 알아보았다. 동료들과 경계 없이 소통하고, 데이터로 문제의 본질을 꿰뚫어보며, 끊임없이 새로운 지식을 학습하는 것은 모두 중요하다. 하지만 이 모든 것이 '실행'으로 이어지지 않는다면, 그것은 한낱 공허한 구호나 책상 서랍 속의 잘 쓴 보고서에 머물고 말 것이다. 아무리 훌륭하게 작곡된 악보라도 연주되지 않으면 아름다운 음악이 될 수 없듯, 실행되지 않는 아이디어는 없는 것과 마찬가지다.

혁신은 아이디어를 내는 것에서 끝나지 않는다. 그 아이디어를 현실 세계로 끄집어내어 직접 부딪히고, 깨지고, 다듬어 가는 과정을 거칠 때 비로소 조직의 실질적인 변화가 시작된다. 거점 리더는 몽상가나 비평가가 아닌, 아이디어를 현실로 만드는 '실행가Doer'여야 한다. 소통, 문제 정의, 학습이라는 개별 역량들을 하나의 엔진으로 통합하여, 계획이라는 설계도를 성과라는 건축물로 바꾸어내는 종합적인 능력, 이것이 바로 거점 리더의 마지막 핵심 역량, '실행'이다.

업무Domain, 기술Tech, 표현Communication의 삼위일체

성공적인 실행가는 어느 한 분야의 전문가가 아니다. 단순히 데이터를 다루는 기술만 아는 기술자도, 정책만 아는 기획자도, 말만 잘하는 소통가도 아니다. 거점 리더는 이 세 가지 요소를 모두 이해하고 융합할 줄 아는 '종합 예술가'와 같다. 이 세 요소는 각각 분리된 능력이 아니라, 실행이라는 하나의 목표 아래 유기적으로 결합되어야만 강력한 힘을 발휘한다.

예를 들어, 공공보건 분야의 한 거점 리더가 '독감 유행 예측을 통한 선제적 방역'이라는 과제를 맡았다고 가정해보자.

- **업무Domain 이해**: 그는 먼저 담당 지역의 보건의료 체계와 방역

프로세스를 깊이 이해하고 있다. 독감 취약 계층이 주로 노인과 영유아이며, 이들이 주로 이용하는 시설(경로당, 어린이집)이 어디에 분포하는지, 백신 재고는 어떻게 관리되고 예산 제약은 어떠한지 등 현장의 모든 맥락을 꿰고 있다. 이러한 깊은 업무 이해가 없다면, 데이터 분석은 현실과 동떨어진 숫자에 불과하게 된다.

- **기술^{Tech} 활용**: 그는 직접 파이썬 코드를 짜거나 AI 모델을 개발하지는 못한다. 하지만 그는 최신 기술의 가능성을 안다. 과거의 확진자 데이터뿐만 아니라, 통신사의 유동인구 데이터, 소셜 미디어의 '독감', '열' 관련 키워드 언급량, 약국 감기약 판매량 데이터 등을 결합하면 유행을 더 빨리 예측할 수 있다는 것을 알고 있다. 그는 데이터 과학자에게 "각 데이터 소스별로 가중치를 두어, 읍면동 단위로 다음 주 '독감 위험 지수'를 예측하는 모델을 만들어주세요"라고 명확하게 요구할 수 있다.

- **표현^{Communication} 능력**: 분석 결과, 특정 지역의 위험 지수가 급등했다는 사실을 발견했다. 그는 이 결과를 복잡한 통계표로 보고하는 대신, 지도 위에 위험 지역을 붉은색으로 표시한 '독감 조기 경보 지도'라는 직관적인 시각 자료로 만든다. 그리고 상사에게 "단순히 AI 예측 모델을 만든 것이 아닙니다. 이 지

도는 한정된 방역 인력과 물품을 가장 시급한 곳에 먼저 투입하여, 최소 비용으로 최대의 확산 방지 효과를 낼 수 있는 '전략 지도'입니다"라고 그 가치를 설득력 있게 전달한다.

이처럼 세 가지 역량은 서로 맞물려 돌아가는 톱니바퀴와 같다. 업무에 대한 깊은 이해 없이는 엉뚱한 데이터를 분석하게 되고, 기술 활용 능력이 없으면 아이디어를 현실로 구현할 수 없으며, 표현 능력이 부족하면 아무리 좋은 결과물도 인정받거나 확산되기 어렵다. 거점 리더는 이 세 가지를 자유자재로 넘나들며 최적의 조합을 찾아내는 지휘자다.

데이터 기반으로 일하는 방식(프로세스) 설계하기

진정한 실행은 일회성 프로젝트를 성공시키는 것을 넘어, 조직이 일하는 방식 자체를 바꾸는 것으로 이어진다. 거점 리더는 데이터 분석을 통해 얻은 통찰을 기존의 업무 프로세스에 녹여내어, 더 효율적이고 선제적으로 일하는 새로운 표준을 만들어낸다. 이것은 일종의 '운영체제 업그레이드'와 같다.

예를 들어, 기존의 '도로 파손 민원 처리 프로세스'는 '민원 접수

→ 담당자 배정 → 현장 확인 → 복구 작업'의 순서로 진행되는 사후 대응Reactive 방식이었다. 시민의 신고 전화가 오기 전까지는 도로가 얼마나 위험한 상태인지 알 길이 없었고, 이는 종종 더 큰 사고와 예산 낭비로 이어졌다.

하지만 거점 리더는 여기에 데이터 기반의 새로운 단계를 추가하여 프로세스 자체를 예방 중심Proactive으로 재설계한다.

① **데이터 통합 및 모델 개발**: 먼저 과거 5년간의 도로 파손 민원 데이터, 매일의 강수량과 기온(특히 동결-해빙 반복 횟수), 버스 노선별 운행 횟수(지속적 진동), 도로 포장 이력(노후도) 데이터를 한곳에 모은다. 이를 바탕으로 특정 도로 구간이 앞으로 2주 안에 파손될 확률을 예측하는 '파손 위험 지역 예측 모델'을 만든다.

② **프로세스 재설계 및 자동화**: 이 모델을 기존 업무 프로세스에 통합한다. 이제 새로운 프로세스는 다음과 같이 바뀐다.

- As-Is: 시민 신고 → 엑셀 기록 → 주간 보고 → 현장 방문 → 순서 대기 → 복구
- To-Be: 매일 새벽 모델 자동 실행 → 위험도 80% 이상 지역 지도에 자동 표시 및 담당자에게 알림 발송 → 순찰팀

은 최적화된 경로로 예방적 현장 점검 → 심각도에 따라 즉시 보수 또는 정기 보수 계획에 편입 → 실제 민원 발생 데이터와 비교하여 모델 정확도 자동 학습 및 개선

이를 통해 행정은 더 이상 문제가 터지기를 기다리지 않고, 문제가 발생하기 전에 먼저 움직이는 '예측 행정'으로 진화한다. 담당자는 더 이상 민원 전화에 수동적으로 끌려다니지 않고, 데이터를 보며 전략적으로 움직이는 '도로 건강 관리자'가 된다. 이처럼 일하는 방식 자체를 데이터 기반으로 재설계하는 것이야말로 실행의 가장 중요한 목표다.

아이디어를 증명하는 시범 서비스PoC 기획과 운영

새로운 아이디어나 기술을 조직 전체에 바로 적용하는 것은 큰 위험과 저항이 따른다. "그게 정말 효과가 있을지 어떻게 알아?", "괜히 일만 복잡해지는 거 아니야?"라는 의구심을 잠재우는 가장 좋은 방법은 말로 설득하는 것이 아니라, 결과로 증명하는 것이다. 거점 리더는 '작게 시작하여 성공을 증명하고, 이를 바탕으로 점차 확산'하는 영리한 전략을 사용한다. 이때 활용하는 가장 효과적인

무기가 바로 시범 서비스Proof of Concept, PoC이다.

 PoC는 아이디어가 기술적으로 실현 가능하고 실제 효과가 있는지를 소규모로 빠르게 검증하는 과정이다. 거점 리더는 PoC를 통해 자신의 주장을 '의견'이 아닌 '증거'로 만든다.

① **명확한 목표 설정**SMART: "이번 PoC를 통해 AI 예측 모델의 정확도를 높인다"와 같은 모호한 목표를 세우지 않는다. "3개월 간Time-bound A구 지역을 대상Specific으로, 우리 예측 모델이 실제 심각한 도로 파손 발생 지역의 70% 이상을 2주 전에 예측Measurable해내는지 검증한다. 이는 기존 데이터로 달성 가능하며Achievable, 예방 행정의 실효성을 증명하는 핵심 과제이다Relevant"와 같이 구체적이고 측정 가능한 목표를 설정한다.

② **최소 범위 정의**: 조직 전체가 아닌, 가장 핵심적인 기능만으로, 가장 효과를 잘 보여줄 수 있는 특정 지역이나 부서를 대상으로 범위를 한정한다. 이때 너무 쉽거나 어려운 곳보다는, 데이터 확보가 용이하고 현장 팀의 협조를 얻기 쉬운 '전략적 테스트베드'를 선정하는 지혜가 필요하다. 또한 "이번 PoC는 예측 정확도 검증에만 집중하며, 실제 보수 작업의 효율성 측정은 범위에서 제외한다"와 같이 무엇을 '하지 않을지' 명확히 하는

것도 중요하다.

③ **빠른 실행과 측정**: 최소한의 자원을 투입하여 6개월 걸릴 프로젝트를 1개월 안에 결과를 볼 수 있는 프로토타입으로 빠르게 만든다. 완벽함이 아니라 '학습'을 목표로 한다. 정해진 기간 동안 운영하며, 사전에 정의한 핵심 지표(모델 정확도, 순찰 시간 단축률 등)를 철저히 측정하고, 현장 담당자들의 정성적인 피드백도 꼼꼼히 기록한다.

④ **결과 분석 및 공유**: PoC가 끝나면 성공 여부와 관계없이 그 결과를 투명하게 공유한다. 성공했다면 그 성공 요인을 분석하여 확산 전략을 세운다. 설령 목표에 미달했더라도 실패가 아니다. "예측 정확도가 50%에 그쳤지만, 강수량보다 동결-해빙 데이터의 가중치를 높여야 한다는 값진 교훈을 얻었습니다. 이 데이터를 반영하여 다음 모델을 개선하겠습니다"와 같이 실패를 '학습의 과정'으로 재정의하고, 이를 통해 조직의 신뢰를 얻는다.

성공적인 PoC 결과는 "이거 정말 효과가 있네!"라는 인식을 조직 내에 심어주어, 후속 예산을 확보하고 사업을 본격적으로 추진하는 가장 강력한 설득 자료가 된다.

데이터 시각화와 스토리텔링
: 결과를 매력적으로 보여주는 법

아무리 훌륭한 분석과 성공적인 PoC도, 그 결과가 제대로 전달되지 않으면 빛을 발할 수 없다. 거점 리더는 분석가이자 기획자일 뿐만 아니라, 자신의 성과를 매력적으로 전달하는 '스토리텔러'가 되어야 한다. 의사결정권자나 동료들은 복잡한 데이터 분석 과정에는 관심이 없다. 그들은 "그래서 이게 우리에게 무슨 도움이 되는데?"라는 질문에 대한 명쾌한 답을 원한다.

숫자로만 가득한 빽빽한 보고서는 사람들의 마음을 움직이지 못한다. 거점 리더는 데이터를 시각화하여 복잡한 현상을 누구나 쉽게 이해할 수 있도록 보여준다. 도로 파손 건수를 구역별로 나열한 표 대신, 위험 지역을 붉은색으로 표시한 지도 위에 어린이집과 노인정 위치를 겹쳐 보여줌으로써 문제의 시급성을 시각적으로 강조한다. 막대그래프, 꺾은선그래프, 히트맵 등 메시지에 가장 적합한 시각화 방법을 선택하여 데이터가 담고 있는 핵심적인 이야기를 한눈에 파악할 수 있게 한다.

나아가, 이 시각화 자료들을 엮어 하나의 스토리로 만든다. 스토리는 사람들의 감성을 자극하고, 논리만으로는 얻기 힘든 깊은 공감을 끌어낸다.

- **도입: 문제 제시 As-is** "작년 한 해, 우리는 도로 파손 민원 처리에 100억 원의 예산을 사용했습니다. 이것은 단순한 예산 낭비가 아니라, 한 해 동안 50건이 넘는 관련 사고로 이어진 시민의 안전 문제입니다. 우리는 늘 사고가 터진 뒤에야 움직였습니다."
- **전개: 원인 발견 Insight** "그래서 저희는 지난 5년간의 데이터를 파헤쳤습니다. 그리고 놀라운 사실을 발견했습니다. 파손의 80%가 특정 버스 노선이 지나가는 오래된 도로에서, 겨울철 동결-해빙이 5번 이상 반복된 직후에 집중적으로 발생한다는 패턴이었습니다."
- **위기: 해결 노력 To-be** "이 발견을 바탕으로, 우리는 A구에서 3개월간 작은 실험, 즉 PoC를 진행했습니다. 파손 위험을 미리 예측하고, 선제적으로 점검에 나섰습니다."
- **절정: 변화와 결과 Result** "결과는 놀라웠습니다. A구의 관련 민원은 60% 감소했고, 긴급 복구 예산은 40% 절감되었습니다. 무엇보다, 단 한 건의 관련 사고도 발생하지 않았습니다. 이것은 현장 순찰팀이 보내온 사진입니다. 과거에는 민원에 쫓

졌지만, 이제는 시민의 안전을 먼저 지킨다는 자부심을 갖게 되었다고 합니다."
- **결말: 미래 비전 Vision** "이것은 A구만의 이야기가 아닙니다. 이 시스템을 우리 시 전체로 확대한다면, 연간 50억 원의 예산을 절감하고 수많은 사고를 예방할 수 있습니다. 우리는 더 이상 '땜질 행정'이 아닌, 데이터를 기반으로 시민의 안전을 먼저 설계하는 '스마트 행정'으로 나아갈 수 있습니다."

이러한 기승전결이 있는 스토리는 듣는 사람의 공감을 얻고, 변화에 대한 기대를 심어주며, 혁신에 동참하도록 이끄는 강력한 힘을 발휘한다.

지금까지 2부에서는 거점 리더가 갖춰야 할 4대 핵심 역량인 소통, 문제 정의, 학습, 실행에 대해 살펴보았다. 이제 3부에서는 이 역량들을 바탕으로 실제 현장에서 어떻게 행동해야 하는지에 대한 구체적인 '실전 플레이북'을 펼쳐 보일 것이다.

제3부

어떻게 실행할 것인가?

: 거점 리더의 실전 플레이북

… 제7장

우리 조직 데이터 현주소 파악하기

지금까지 우리는 거점 리더가 갖춰야 할 역량이라는 강력한 무기들을 살펴보았다. 이제 당신은 훌륭한 무기를 갖춘 현장 사령관으로서, 실제 전투에 나설 준비를 하고 있다. 하지만 무작정 적진에 뛰어드는 사령관은 없다. 가장 먼저 해야 할 일은 우리가 싸울 전쟁터, 즉 우리 조직의 현재 상황을 정확히 파악하는 것이다.

"지피지기면 백전불태知彼知己 百戰不殆"라 했다. AI·데이터기반행정이라는 혁신을 성공적으로 이끌기 위해서는, 우리 조직이 가진 강점과 약점, 기회와 위협 요인을 냉철하게 진단하는 과정이 반드시 선행되어야 한다. 데이터는 어디에, 어떤 형태로 잠자고 있는가? 조직 구성원들은 데이터를 어떻게 생각하고 있는가? 우리가 활용할 수 있는 기술과 인력은 어느 수준인가? 이 질문에 대한 답을 찾는 것은 단순한 현황 파악을 넘어, 앞으로 나아갈 최적의 경로를 설계하는 내비게이션을 만드는 과정이다. 이것이 바로 '실전 플레이북'의 첫 페이지다.

데이터 성숙도 진단하기: 인프라, 문화, 인력

조직의 데이터 현주소를 파악하기 위해서는 크게 세 가지 차원에서 종합적인 진단이 필요하다. 이는 마치 건강검진을 통해 신체의 각 부분을 살펴보는 것과 같다. 뼈와 혈관이 튼튼한지(인프라), 정신과 태도가 건강한지(문화), 그리고 두뇌와 근육이 제 역할을 하는지(인력)를 종합적으로 살펴봐야 비로소 제대로 된 처방을 내릴 수 있다. 이 세 가지를 합쳐 조직의 '데이터 성숙도$^{Data\ Maturity}$'라고 부른다.

1 데이터 인프라(뼈와 혈관): 데이터는 잘 흐르고 있는가?

인프라는 데이터를 저장하고, 흐르게 하고, 활용할 수 있게 하는 물리적·기술적 기반이다. 혈관이 막히면 몸에 영양이 공급될 수 없듯, 인프라가 부실하면 데이터는 그저 시스템 안에 갇힌 고인 물이 될 뿐, 조직의 자산이 될 수 없다.

- **데이터 현황 및 품질**: 우리 부서(기관)는 어떤 종류의 데이터를 보유하고 있는가? 행정 시스템에 정형화된 형태로 저장되어 있는가, 아니면 보고서나 문서 형태의 비정형 데이터인가? 데이터의 양은 얼마나 되며, 얼마나 자주 갱신되는가? 더 중요한 것은 데이터의 품질이다. 데이터에 결측치나 오류는 없는가? '서울특별시'와 '서울시'처럼 동일한 대상을 다르게 표기하는 문제는 없는가? 데이터 목록(카탈로그)이나 각 항목의 의미를 설명하는 정의서(데이터 사전) 같은 기초적인 관리 체계는 존재하는가? 이런 기본조차 없다면, 우리는 쓰레기를 분석하여 쓰레기 같은 결과를 얻게 될 것이다.

- **시스템 접근성 및 통합**: 현업 담당자들이 업무에 필요한 데이터에 쉽게 접근할 수 있는가? 데이터를 얻기 위해 3일 이상 걸리는 복잡한 결재 라인을 거치거나, '데이터 담당자'에게 구두로 매번 요청해야 하는가? 이것은 마치 도서관에 책은 많은데, 사서의 허락 없이는 아무도 책을 볼 수 없는 것과 같다. 부서 간 데이터 공유를 위한 공식적인 절차나 데이터 포털 같은 플

랫폼이 있는가, 아니면 담당자 간의 개인적인 친분에 의존하고 있는가? 각 시스템이 섬처럼 고립되어 있어 데이터를 통합하려면 매번 수작업으로 엑셀 파일을 만들어야 하는가?

- **분석 환경**: 데이터를 요리할 수 있는 주방은 마련되어 있는가? 기본적인 도구인 엑셀 외에, 대시보드 등을 만들 수 있는 BI^{Business Intelligence} 툴이나 통계 프로그램이 제공되는가? 단순 조회나 다운로드 외에, 여러 데이터를 결합하고 시각화해볼 수 있는 환경이 제공되는가? 수백만 건 이상의 대용량 데이터를 처리할 수 있는 기술적 환경(클라우드, 분석 서버 등)이 마련되어 있는가? 좋은 요리사에게 칼과 도마만 줘서는 훌륭한 요리를 기대할 수 없다.

2 데이터 문화(정신과 태도): 데이터는 존중받고 있는가?

문화는 눈에 보이지 않지만, 조직의 행동을 결정하는 가장 강력한 힘이다. 아무리 좋은 인프라가 있어도 구성원들이 데이터를 불신하거나 추가적인 업무 부담으로만 여긴다면 혁신은 불가능하다.

- **의사결정 방식**: 중요한 결정을 내릴 때, 주로 'HiPPO^{Highest Paid Person's Opinion}(가장 높은 사람의 의견)'에 의해 좌우되는가, 아니면 직급에 상관없이 객관적인 데이터를 근거로 논의하는 문화가 자리 잡고 있는가? 회의 자료에 데이터가 포함되는 것이 당연한 일인가, 아니면 "그런 거까지 만들 시간이 어디 있어"라는 핀잔을 듣는가? 데이터가 상사의 의견을 뒷받침할 때만 환영받고, 반대되는 결과를 보일 때는 무시당하는 경향은 없는가?
- **데이터 공유에 대한 태도**: 데이터를 '자신의 무기'나 '부서의 소유물'로 생각하여 칸막이를 치고 공유를 꺼리는 분위기는 없는가? "그 자료는 우리 부서 고유 업두 자료라 외부에 줄 수 없습니다"라는 말을 자주 듣는가? 부서 간 협업을 통해 1+1=3의 시너지를 내는 것에 대해 개방적인가, 아니면 자신의 영역을 지키는 데 더 급급한가?
- **실패에 대한 관용**: 새로운 시도를 장려하고, 실패를 비난하기보다 학습의 기회로 삼는 문화가 있는가? "해보긴 했는데, 데이터 분석 결과 우리가 예상했던 것과는 전혀 다른 결과가 나왔습니다"라고 솔직하게 보고했을 때, "수고했네. 덕분에 우리가 잘못된 길로 가지 않게 되었어. 무엇을 배웠는지 공유해주게"라는 반응이 나오는가? 아니면 "시간 낭비했군"이라는

질책이 돌아오는가? 작은 실험Test을 해보는 것에 대해 조직이 긍정적인가? '칭찬받는 실패Praiseworthy Failure'를 용인하는 문화 없이는 아무도 새로운 도전을 하지 않는다.

3 데이터 인력(근육과 두뇌): 데이터를 다룰 사람이 있는가?

아무리 좋은 인프라와 문화가 있어도, 데이터를 실제로 다루고 가치를 창출할 사람이 없다면 무용지물이다. 여기서 인력은 소수의 박사급 전문가만을 의미하지 않는다. 모든 구성원이 각자의 위치에서 데이터를 활용할 수 있어야 한다.

- **인력 분포와 역할**: 우리 조직 내에 데이터를 분석하고 활용할 수 있는 인력은 얼마나 있는가? IT 부서나 특정 부서에만 집중되어 있는가, 아니면 여러 부서에 현업을 깊이 이해하는 '데이터 브리지Data Bridge' 인력들이 고르게 분포되어 있는가? 데이터를 시스템에 잘 담는 '데이터 엔지니어', 복잡한 분석을 수행하는 '데이터 분석가', 그리고 모든 직원이 갖춰야 할 기본적인 '시민 데이터 과학자Citizen Data Scientist'로서의 역량은 어느 수준인가?

- **역량 수준**^{Skill Set}: 데이터 분석 전문가(엔지니어, 분석가 등)가 있는가? 전문가는 아니더라도, 데이터의 의미를 이해하고 엑셀의 피벗 테이블이나 VLOOKUP 함수 등을 활용해 간단한 분석이라도 시도하려는 의지를 가진 동료들이 있는가? 데이터 시각화 자료를 보고 핵심을 파악하는 '데이터 문해력^{Data Literacy}'을 갖춘 구성원은 얼마나 되는가? 간단한 역량 지도^{Skill Map}를 만들어 팀원들의 현재 수준을 파악해 보는 것도 좋다.
- **교육 및 성장 지원**: 직원들의 데이터 역량 강화를 위한 공식적인 교육 프로그램이나 학습 지원 제도가 마련되어 있는가? '파이썬 기초' 같은 기술 교육뿐만 아니라, '데이터 기반 문제 해결' 같은 기획력 교육도 제공되는가? 외부 교육 참여나 스터디 그룹 활동을 장려하고 인사고과에 반영하는 등 실질적인 동기부여가 이루어지고 있는가?

이 세 가지 영역에 대한 진단 결과를 바탕으로, 우리는 우리 조직의 '데이터 준비성^{Data Readiness}'을 객관적으로 평가하고, 가장 시급하게 개선해야 할 취약한 부분이 어디인지 명확히 파악할 수 있다.

숨어있는 데이터 자산 발굴하기

공식적인 행정 시스템에 저장된 정형 데이터만이 전부는 아니다. 조직의 서랍 속, 담당자의 컴퓨터 폴더 속에는 가치를 알아보지 못한 채 잠자고 있는 '다크 데이터Dark Data'가 무수히 많다. 이는 마치 집안에 거대한 창고가 있는데, 그 안에 무엇이 들어있는지 몰라 활용하지 못하는 것과 같다. 거점 리더는 보물찾기를 하는 탐험가처럼, 조직 곳곳에 숨어있는 데이터 자산을 발굴하고 목록화해야 한다.

- **업무 보고서 및 회의록**: 과거의 수많은 고민과 논의의 결과가 담겨있다. 특정 문제에 대한 과거의 해결 노력과 그 결과, 실패 원인까지도 파악하는 데 중요한 단서가 될 수 있다. "3년 전 유사 사업 추진 시 문제점 및 개선 방안 검토 보고"와 같은 문서는 미래의 실패를 막는 수십억 원 가치의 귀중한 데이터다.
- **민원 및 콜센터 상담 기록**: 정형화된 민원 데이터 외에, 상담사가 기록한 텍스트 형태의 상담 내용에는 시민들의 생생한 목소리와 불편함의 진짜 이유가 숨겨져 있다. 반복적으로 등장하는 특정 키워드(예: '설명 부족', '연결 안 됨')나 감정 표현(예: '답답하

다', '화가 난다')은 정책의 사각지대를 알려주는 강력한 신호일 수 있다. 텍스트 마이닝 기법을 활용하면 의외의 통찰을 얻을 수 있다.

- **엑셀 파일 및 개인 PC 문서**: 많은 담당자들이 자신만의 노하우를 담아 데이터를 개인적으로 수집하고 관리한다. '김주무관_최종_진짜최종.xlsx' 파일 속에 의외의 '보물지도'가 숨어 있을 수 있다. 특히 베테랑 직원의 인수인계 과정에서 누락되기 쉬운 이런 자료들을 발굴하고, 공적인 자산으로 전환하는 노력이 매우 중요하다.

- **수기 기록물 및 점검일지**: 예를 들어, 공원 관리 부서의 직원이 수기로 작성한 시설물 점검일지에는 '어떤 종류의 시설물이^{What}', '어떤 날씨에^{When}', '어떤 위치에서^{Where}', '주로 어떤 문제로^{Why}' 고장 나는지에 대한 풍부한 패턴 정보가 담겨 있을 수 있다. 이를 디지털화하기만 해도, 고장 시점을 예측하는 정비 시스템의 가장 기초적인 데이터가 될 수 있다.

이러한 숨은 자산을 찾아내어 '데이터 자산 목록$^{Data\ Asset\ Inventory}$'을 만들고, 어떤 문제를 해결하는 데 활용될 수 있을지 태그를 붙여 정리하는 것만으로도, 우리는 조직이 가진 데이터의 잠재력을 훨씬 더 풍부하고 입체적으로 이해할 수 있다.

작은 성공Small-win을 위한 첫 프로젝트 찾기

조직 진단을 통해 현주소를 파악했다면, 이제 첫 번째 전투를 준비할 시간이다. 처음부터 너무 크고 어려운 목표를 설정하면 쉽게 지치고 실패할 확률이 높다. 혁신의 동력을 얻기 위해서는 작지만 의미 있는 성공, 즉 '작은 성공Small-win'의 경험이 무엇보다 중요하다. 첫 성공은 단순한 성과 하나가 아니라, 조직 전체에 퍼져나갈 '성공 바이러스'의 시작이자, 회의론자들을 잠재울 가장 강력한 증거다.

어떤 프로젝트를 첫 번째 전투로 삼아야 할까? 다음과 같은 **프로젝트 선정 매트릭스**를 활용해 잠재 후보들을 평가해 볼 수 있다. 각 항목을 5점 척도로 평가하여 총점이 높은 과제를 우선순위로 고려한다.

평가 기준	설명	가중치
영향력 Impact	해결 시 직원/시민이 체감하는 효과가 큰가? 상사의 관심이 높은 현안인가?	3
실현 가능성 Feasibility	현재 기술/인력으로 3개월 내 구현 가능한가? 예산 제약이 적은가?	3
데이터 확보 용이성 Data Availability	데이터가 이미 존재하고 접근이 쉬운가? 부서 간 협조가 불필요한가?	2
확장성 Scalability	작은 성공 후 다른 영역으로 쉽게 확장할 수 있는 모델인가?	1

 예를 들어 'AI로 도시 전체의 교통 문제를 해결하자'는 거대 담론보다, 'A 교차로의 상습 정체 문제를 해결하기 위해 신호등 데이터를 분석하여 최적의 신호 주기를 찾아보자'는 작고 구체적인 목표가 첫 프로젝트로 훨씬 적합하다. 영향력(매일 수백 명의 시민 불편 해소)과 실현 가능성(교통 부서 단독 수행 가능), 데이터 확보 용이성(이미 수집 중인 데이터) 측면에서 높은 점수를 받을 수 있기 때문이다. 마찬가지로, '복지 사각지대 발굴 AI 모델 개발'보다는 '기존 복지 수급 탈락자 500명의 데이터를 분석해 공통적인 특징을 찾아보고, 다음 신청자 상담 시 체크리스트로 활용하기'가 훨씬 더 현실적인 첫걸음이다.

이러한 작은 성공은 "데이터를 활용하니 정말 업무가 편해지네!", "이거 진짜 효과가 있구나!"라는 긍정적인 경험을 조직 전체에 전파한다. 이 경험은 '데이터는 어려운 것', '괜히 일만 느는 것'이라는 막연한 불안감을 **구체적인 효능감**으로 바꾸어 준다. 그리고 이 효능감이야말로 변화에 대한 저항을 줄이고, 더 큰 도전을 위한 지지와 자원을 얻어내는 가장 강력한 무기가 될 것이다.

제8장

성공적인 프로젝트 추진의 모든 것

 우리 조직의 데이터 준비 상태를 진단하고, 첫 프로젝트라는 '작은 성공Small-win'의 목표물을 정했다. 이제 거점 리더는 사령관으로서 이 전투를 승리로 이끌어야 한다. 성공적인 프로젝트는 단순히 뛰어난 아이디어나 열정만으로 완성되지 않는다. 명확한 목표 설정에서부터 체계적인 실행, 그리고 냉정한 성과 측정에 이르기까지, 잘 짜인 각본과 같은 '프로세스'가 필요하다.

 이번 장에서는 아이디어를 현실의 성과로 바꾸는 프로젝트 추진의 전 과정을 A to Z로 살펴본다. 이 과정은 딱딱한 규정이 아니라, 험난한 여정에서 우리가 길을 잃지 않도록 도와주는 지도이자, 예상치 못한 난관을 극복하게 해주는 나침반이다. 각 단계마다 구체적인 행정 사례를 통해 현장의 생생한 고민과 해결 과정을 함께 들여다보자.

프로젝트 성공의 A to Z: 목표 설정부터 성과 측정까지

데이터 기반 프로젝트는 대체로 다음과 같은 7단계의 생명 주기를 거친다. 각 단계는 독립적이지 않고, 서로 긴밀하게 연결되어 영향을 주고받는다.

[1단계] 목표 설정 Goal Setting: '어디로 갈 것인가'

모든 여정은 목적지 설정에서 시작된다. 4장에서 강조했듯, '무엇을 해결할 것인가'를 날카롭게 정의하는 단계다. 이 단계의 성공은 프로젝트 전체의 방향성을 결정한다. 목표가 명확하면 팀원들은 같은 곳을 바라보며 힘을 모을 수 있고, 한정된 자원을 어디에 집중해야 할지 명확해진다. 반대로 목표가 모호하면 프로젝트는 항해 내내 표류하다가 결국 엉뚱한 곳에 도착하게 된다.

막연한 목표 대신, 측정이 가능하고 Measurable, 달성 가능하며 Achievable, 현실적이고 Realistic, 기한이 정해진 Time-bound 'SMART 원칙'에 따라 목표를 구체화해야 한다. 여기서 핵심은 '측정 가능성'이다. '개선한다', '돕는다'와 같은 추상적인 동사 대신, '몇 % 단축한다', '몇 건 발굴한다'와 같이 숫자로 검증할 수 있는 구체적인 언어를 사용해야 한다.

사례 1) 복지 사각지대 발굴

- **막연한 목표**: "어려운 이웃을 잘 돕자."
- SMART 목표: "단전·단수, 건강보험료 체납 데이터 등 (**현실적**) 5종의 위기 정보를 활용하여 (**달성 가능**), 복지 서비스가 필요하지만 신청하지 않은 잠재적 위기 가구를 (**측정 가능**), 다음 분기까지 (**기한 설정**) 100가구 이상 발굴한다 (**구체적**)."

사례 2) 상습 정체 교차로 개선

- **막연한 목표**: "교통 체증을 완화하자."
- SMART 목표: "A 교차로의 지난 3개월간 교통량 및 신호 데이터를 분석하여 (**달성 가능/현실적**), 출퇴근 시간대 평균 차량 통과 시간을 (**측정 가능**), 2개월 내에 (**기한 설정**) 현재 대비 15% 단축하는 (**구체적**) 최적의 신호 주기를 도출한다."

[2단계] 팀 구성 및 데이터 확보 Team Building & Data Acquisition
: '누구와, 무엇으로 싸울 것인가'

목표가 정해졌다면, 이제 프로젝트를 함께 끌어갈 어벤져스 팀을 꾸리고, 분석에 필요한 총알, 즉 데이터를 확보하는 단계다. 거점 리더는 감독으로서 각 포지션에 맞는 최고의 선수를 모아야 한다.

- **팀 구성**: 거점 리더를 중심으로, 해당 업무를 속속들이 아는 업무 담당자 Domain Expert, 데이터 분석을 수행할 데이터 분석가 Data Analyst, 그리고 데이터 접근 권한이나 시스템 연계를 도와줄 IT 시스템 담당자 IT Specialist 등 최소한의 핵심 인력을 구성한다. 중요한 것은 이들이 단순히 이름만 올리는 것이 아니라, 주 1회 이상 정기적으로 소통하며 실제 '원팀'으로 움직이게 하는 것이다.
- **데이터 확보**: 목표 달성에 필요한 데이터가 어디에, 어떤 형태로 있는지 파악하고 확보 계획을 세운다. 7장에서 발굴한 '다크 데이터'를 활용할 수도 있고, 다른 부서나 기관에 데이터 협조를 공식적으로 요청해야 할 수도 있다. 이때 '데이터 공유 협

약^{MOU}' 체결이나 개인정보보호법 등 관련 법규 검토가 필요할 수 있다. 데이터 확보 과정의 어려움은 프로젝트 초기에 겪는 가장 큰 허들 중 하나이므로, 충분한 시간과 노력을 들여야 한다.

[3단계] 데이터 정제 및 탐색 Data Cleaning & Exploration

: '원석을 보석으로 다듬기'

확보한 원석 Raw Data을 분석에 사용할 수 있는 보석으로 만드는 과정이다. 이 단계는 겉으로 드러나지 않지만 프로젝트의 성패를 좌우하는 가장 중요한 기초 공사다. 데이터에는 결측값(비어 있는 값), 오류('남자' 대신 '남성'), 중복, 단위 불일치 등 수많은 불순물이 섞여 있다. 이런 '더러운 데이터'를 그대로 분석하면 '쓰레기를 넣으면 쓰레기가 나온다 Garbage In, Garbage Out'는 원칙에 따라 잘못된 결론에 도달하게 된다.

- <u>데이터 정제</u> Cleaning: 분석에 앞서 이런 불순물을 제거하고 데이터를 깨끗하게 만드는 과정은 프로젝트 전체 시간의 70~80%를 차지할 만큼 중요하고 고된 작업이다. '서울특별시', '서울

시', '서울' 등으로 제각각 입력된 기관명을 하나로 통일하고, 누락된 주소 정보를 다른 데이터를 활용해 채워 넣는 등의 작업이 포함된다.

- **데이터 탐색**^{EDA, Exploratory Data Analysis}: 정제가 끝나면, 데이터를 여러 각도에서 살펴보며 숨겨진 패턴이나 특징을 탐색한다. 히스토그램으로 데이터의 분포를 보고, 산점도로 변수 간의 관계를 파악하며, 지리정보시스템^{GIS}을 이용해 지도 위에 데이터를 시각화해 보는 활동이 포함된다. 이 과정을 통해 우리는 데이터에 대한 깊은 이해를 얻고, 분석의 방향을 설정할 수 있다.

(사례) **선제적 시민 서비스 개발**

민원 데이터를 분석하기 전, 같은 내용의 민원이지만 '도로 파손', '도로 파임', '싱크홀' 등 제각각 입력된 용어를 '도로 파손'으로 표준화하고, 위치 정보가 누락된 데이터를 보완하는 정제 과정을 거친다. 이후 월별, 요일별, 지역별 민원 발생 건수를 막대그래프로 시각화하여 '여름철 장마 기간에 B 지역의 도로 파손 민원이 급증한다'는 뚜렷한 패턴을 발견한다. 이 발견이 다음 단계인 모델링의 핵심 아이디어가 된다.

[4단계] 분석 모델링 및 솔루션 개발 Modeling & Solution Development
: '통찰을 해결책으로 만들기'

탐색을 통해 얻은 통찰을 바탕으로, 문제 해결을 위한 구체적인 모델이나 솔루션을 개발한다. 여기서 '모델'이란 복잡한 AI 알고리즘만을 의미하지 않는다. 문제 해결에 도움이 되는 모든 형태의 논리적 구조가 모델이 될 수 있다.

- **예측 모델**: 과거 데이터를 학습하여 미래를 예측한다.(예: 도로 파손 가능성 예측, 독감 유행 예측)
- **분류 모델**: 데이터를 특정 기준에 따라 분류한다.(예: 민원 내용을 '교통', '환경', '복지'로 자동 분류)
- **업무 프로세스 개선**: 데이터 분석 결과를 바탕으로 비효율적인 업무 절차를 개선한다.
- **대시보드 개발**: 여러 데이터를 한눈에 모니터링할 수 있는 시각화된 현황판을 만든다.

[사례] **도시 안전 문제 해결**

CCTV 영상 데이터를 활용해 '쓰러짐', '폭행' 등 특정 위험 상황이 발생했을 때 이를 자동으로 인식하고 관제센터에 경고를 보내는 AI 영상 분석 모델(객체 탐지 및 행동 인식 모델)을 개발한다. 이 모델은 24시간 인간의 눈을 대신하여 위험 상황을 놓치지 않고 감지하는 솔루션이 된다. 개발 초기에는 그림자나 애완동물로 인한 오탐지가 많았지만, 다양한 예외 상황 데이터를 추가로 학습시켜 정확도를 높여 나간다.

[5단계] 테스트 및 검증 Testing & Validation: '실전에서 통하는지 확인하기'

개발한 솔루션이 실제 현장에서 잘 작동하는지, 우리가 세운 목표 달성에 정말 기여하는지 소규모로 테스트[PoC]하고 검증한다. 실험실에서의 성공이 현장에서의 성공을 보장하지는 않는다.

- **정량적 검증**: 예측 모델의 정확도는 얼마나 되는지, 새로운 업무 프로세스가 정말 평균 처리 시간을 10분 단축시키는지 등을 객관적인 데이터로 확인한다. A/B 테스트를 통해 기존 방식과 새로운 방식의 성과를 직접 비교해보는 것도 좋은 방법이다.
- **정성적 검증**: 새로운 시스템을 사용할 현업 담당자들의 피드백을 반드시 받아야 한다. 모델의 정확도는 높지만, 결과 화면이 너무 복잡해서 사용하기 어렵다면 실패한 솔루션이다. "이 기

능은 좋은데, 결과가 나오기까지 시간이 너무 오래 걸려요"와 같은 현장의 목소리를 반영하여 솔루션을 수정하고 보완한다.

[6단계] 결과 도출 및 시각화 Result & Visualization

: '숫자를 이야기로 바꾸기'

검증된 솔루션을 통해 최종적인 분석 결과를 도출하고, 이 결과를 의사결정권자나 동료들이 쉽고 빠르게 이해할 수 있도록 시각화 자료와 함께 정리한다. 6장에서 강조했듯, 숫자만 나열하는 대신 '문제 → 원인 → 해결 → 기대효과'의 흐름을 가진 하나의 완성된 이야기(Story)로 엮어내야 한다.

- **핵심 메시지 전달**: 보고서의 첫 페이지에 프로젝트의 핵심 결과를 한 문장으로 요약한 'Executive Summary'를 제시한다. 바쁜 의사결정권자는 이것만 보고도 프로젝트의 핵심 가치를 즉시 파악할 수 있어야 한다. (예: "A 교차로 신호 최적화 PoC 결과, 출퇴근 시간 차량 통과 시간이 평균 18% 단축되었으며, 이를 시 전체로 확대 시 연간 120억 원의 사회적 비용 절감이 기대됩니다.")
- **직관적 시각화**: '개선 전 Before'과 '개선 후 After'를 명확히 대비시

켜 보여주는 차트, 문제의 심각성을 한눈에 보여주는 히트맵 Heatmap 지도 등 메시지를 가장 효과적으로 전달할 수 있는 시각화 방법을 사용한다. 데이터의 단순 나열이 아닌, 데이터가 말하고자 하는 '결론'을 시각적으로 보여주는 것이 핵심이다.

[7단계] 성과 보고 및 확산 Reporting & Scaling
: '작은 성공을 큰 변화로 키우기'

프로젝트의 전 과정과 최종 성과를 공식적으로 보고하고, 이 작은 성공의 경험을 조직 전체로 확산시키는 마지막 단계다. 프로젝트의 끝은 단순히 보고서를 제출하는 것이 아니라, 새로운 변화의 시작이어야 한다.

- **성과 공유**: 성공적인 결과는 변화에 대한 저항을 줄이는 가장 좋은 약이다. 부서 내부 공유회를 열거나, 사내 게시판에 카드뉴스 형태로 결과를 공유하여 조직 전체의 관심을 유도한다. 특히 프로젝트에 참여했던 현업 담당자가 직접 자신의 경험과 효용을 발표하게 하면 그 어떤 보고서보다 강력한 설득력을 갖게 된다.

- **사업 확산**: PoC의 성공적인 성과를 바탕으로, 시범 사업을 본 사업으로 확대하기 위한 구체적인 예산과 인력 확보 계획을 세운다. PoC에서 얻은 교훈을 바탕으로 발생 가능한 위험 요소를 미리 예측하고 대응 방안을 함께 제시하면 계획의 신뢰도를 더욱 높일 수 있다.
- **지식 자산화**: 프로젝트를 통해 얻은 교훈, 노하우, 심지어 실패의 경험까지도 상세히 기록하여 조직의 자산으로 남겨야 한다. 이는 다음 프로젝트의 성공 가능성을 높이는 가장 값진 밑거름이 된다. 사용했던 데이터 목록, 분석 코드, 회의록, 최종 보고서 등을 프로젝트 관리 툴이나 위키Wiki에 체계적으로 정리하여 누구나 참고할 수 있도록 한다.

이 7단계 프로세스는 한 번에 끝나는 폭포수 모델이 아니다. 7단계 이후, 프로젝트를 통해 얻은 새로운 데이터와 교훈을 바탕으로 다시 1단계로 돌아가 더 고도화된 목표를 설정하며 점차 발전해나가는 나선형 성장 모델Spiral Growth Model에 가깝다. A 교차로의 신호 최적화에 성공했다면, 다음 목표는 A 교차로와 연결된 5개 교차로의 신호를 연동하여 최적화하는 것이 될 수 있다. 하나의 작은 성공이 더 큰 성공의 씨앗이 되어, 조직 전체를 데이터 기반으로 일하는 문화로 이끌어 가는 것, 이것이 바로 거점 리더가 추진하는 프로젝트의 진정한 목표다.

제 9 장

조직의 저항을 넘어 변화를 이끄는 법

성공적인 프로젝트를 통해 데이터의 힘을 증명해보였다. 이제 이 작은 불씨를 조직 전체로 확산시킬 차례다. 하지만 바로 이 지점에서 많은 혁신가들이 보이지 않는 거대한 벽에 부딪히게 된다. 그것은 바로 변화에 대한 조직의 '저항'이다. 이 저항은 특정한 누군가의 악의나 게으름 탓이 아니다. 그것은 익숙한 것에서 안정감을 느끼고, 미지의 것에 대한 손실을 두려워하는 인간의 깊은 본성(손실 회피 편향)이자, 예측 가능성과 안정성을 추구하는 조직의 자연스러운 관성이다. 특히 공공 조직은 안정성이 중요한 가치이기에, 이러한 관성은 더욱 강하게 나타난다.

거점 리더는 이 저항을 '넘어야 할 장애물'이나 '제거해야 할 적'

으로만 볼 것이 아니라, '변화 과정에 숨겨진 중요한 정보를 담고 있는 피드백'으로, 즉 '이해하고 관리해야 할 대상'으로 바라봐야 한다. 변화의 당위성을 일방적으로 밀어붙이는 대신, 구성원들의 마음을 얻고 그들을 변화의 여정에 동참시키는 섬세한 전략이 필요하다. 거점 리더는 프로젝트 관리자Project Manager를 넘어 조직의 문화를 바꾸는 변화 관리자Change Manager가 되어야 한다.

저항의 목소리에 귀 기울이기
: "굳이 왜?"라는 질문에 답하기

조직의 저항은 보통 다음과 같은 익숙한 질문의 형태로 나타난다. 이 질문들은 단순한 불평이 아니라, 각기 다른 두려움과 우려를 담고 있는 중요한 신호다.

- **"굳이 왜 하던 방식을 바꿔야 하죠? 지금도 큰 문제 없이 잘하고 있는데요."(현상 유지의 관성)**: 이 질문의 이면에는 '새로운 것을 배우는 데 드는 노력보다 현재의 익숙함이 더 편안하다'는 심리와, '변화가 가져올 불확실성에 대한 두려움'이 깔려 있다.

- "그거 한다고 제 일이 더 늘어나는 거 아닌가요? 배울 것도 너무 많아 보여요."(업무 부담과 변화에 대한 두려움): 이는 변화가 자신의 업무에 미칠 직접적인 영향, 즉 '단기적인 업무량 증가'와 '새로운 기술을 따라가지 못할 것이라는 불안감'을 솔직하게 표현하는 것이다.
- "그 데이터는 우리 부서에서 관리하는 건데, 왜 공유해야 합니까? 보안 문제도 있고요."(데이터 사일로와 권한 문제): 데이터나 특정 업무를 '자신의 영역'이자 '권한의 원천'으로 생각하는 태도에서 비롯된다. 데이터 공유를 자신의 영향력 상실로 받아들이는 것이다.
- "예전에도 비슷한 거 해봤는데, 결국 담당자 바뀌고 흐지부지 끝났어요."(과거의 실패 경험으로 인한 냉소주의): 과거의 실패가 남긴 학습된 무력감이다. '어차피 또 실패할 텐데, 괜한 노력을 하고 싶지 않다'는 방어기제가 작동하는 것이다.

이러한 질문들은 비난이나 방해가 아니라, 변화에 대한 구성원들의 불안과 우려를 담고 있는 중요한 데이터다. 거점 리더는 이 질문들에 짜증 내거나 회피하는 대신, 정면으로 마주하고 진심으로 답해야 한다. 그리고 그 답은 당신의 '주장'이나 '비전'이 아니라, 지난 8장에서 만들어낸 '작은 성공Small-win'이라는 객관적인 '증거'에서 나와야 한다.

"이 새로운 방식을 도입하면, A 부서의 야근 시간을 월평균 10시간 줄일 수 있었습니다", "이 데이터를 함께 분석하니, B 부서가 몇 달간 해결하지 못했던 민원의 진짜 원인을 찾을 수 있었습니다"와 같이 구체적인 데이터와 성과를 보여줄 때, "굳이 왜?"라는 질문은 "어떻게 하면 우리도 할 수 있을까?"라는 관심으로 바뀌기 시작한다.

변화의 연대를 구축하라: 내부 조력자와 챔피언 만들기

변화라는 무거운 수레는 결코 혼자서 끌 수 없다. 거점 리더는 조직 내에 든든한 아군, 즉 조력자Ally와 챔피언Champion을 만들어야 한다. 이는 단순히 내 편을 만드는 것을 넘어, 변화의 메시지를 조직 구석구석으로 퍼뜨리는 '스피커'를 확보하는 전략이다.

- **얼리 어답터Early Adopters를 찾아 '팬'으로 만들어라**: 새로운 기술이나 변화에 대한 호기심이 많고, 시도해 보는 것을 즐기는 동료들이 모든 조직에는 반드시 있다. 이들은 변화의 첫 번째 지

지자이자, 긍정적 입소문을 내줄 '바이럴 마케터'다. 이들을 첫 프로젝트의 파일럿 테스트 그룹으로 참여시켜 '먼저 경험하는 특권'을 부여하고, 그들의 피드백을 적극적으로 반영하여 '공동 개발자'라는 인식을 심어주어라. 그들이 느끼는 효능감은 다른 동료들에게 가장 강력한 전파력을 갖는다.

- **존경받는 베테랑**Respected Veterans**을 '조용한 지지자'로 만들어라**: 조직 내에서 오랜 경험과 신망을 쌓은 선배 그룹은 변화의 속도를 조절하는 브레이크이자, 안정성을 더하는 앵커 역할을 한다. 이들의 경험과 직관을 무시해서는 안 된다. 오히려 "선배님의 오랜 경험에 저희가 분석한 이 데이터를 더하면, 훨씬 더 정확한 의사결정을 내릴 수 있을 것 같습니다. 저희 분석 결과에 대해 어떻게 생각하시는지 고견을 듣고 싶습니다"와 같이 그들의 전문성을 존중하고 자문을 구하는 태도를 보여야 한다. 데이터가 그들의 경험을 대체하는 것이 아니라, 더욱 강력하게 뒷받침하는 도구임을 보여줄 때, 그들은 변화에 대한 가장 든든한 '조용한 지지자'가 되어준다.

- **공식적 리더**Formal Leaders**를 '강력한 챔피언'으로 만들어라**: 부서장, 기관장 등 공식적인 의사결정권자들은 프로젝트에 필요한 예산, 인력, 제도적 지원을 해줄 수 있는 최종 후원자다. 이들

에게는 감성적인 호소보다, 데이터 기반의 명확한 성과와 기대효과ROI를 보여주어야 한다. 특히, 당신의 프로젝트가 어떻게 그들의 성과 목표 달성에 기여할 수 있는지 연결하는 것이 중요하다. 꾸준한 성과 보고와 데이터 기반의 설득을 통해 그들을 가장 강력한 '챔피언'으로 만들어야 한다. 리더가 전 직원 회의 같은 공개적인 자리에서 "우리 조직은 이제 데이터로 일하는 방식으로 나아가야 합니다. A 부서의 성공 사례가 좋은 시작입니다"라고 지지 의사를 표명할 때, 조직 전체의 저항은 눈에 띄게 줄어든다.

거점 리더는 이들을 의도적으로 찾아내고, 관계를 맺고, 그들이 각자의 위치에서 변화를 지지하도록 설득하는 '조직 내 정치'를 외면해서는 안 된다. 이것은 권모술수가 아니라, 공동의 목표를 달성하기 위한 고도의 설득 커뮤니케이션이다.

성공 사례를 조직 전체로 확산시키는 전략

하나의 성공적인 PoC^{Proof of Concept}는 그 자체로 끝나서는 안 된다. 그 성공 스토리가 조직 전체에 알려지고, 다른 부서의 문제와 연결될 때 비로소 혁신은 전염병처럼 퍼져나간다.

- **성공의 '가시화'와 '체험'**: 프로젝트의 성과를 단순히 보고서로만 제출하지 마라. 내부 게시판, 소식지, 전 직원 회의 등 다양한 채널을 통해 모든 직원이 볼 수 있도록 성과를 '전시'해야 한다. 프로젝트 전후Before & After를 명확히 비교하는 시각 자료, 3분짜리 성공 사례 영상, 혹은 다른 직원들이 직접 만져볼 수 있는 간단한 인터랙티브 대시보드를 만들어 '체험'의 기회를 제공하라. 백 마디 말보다 한 번의 경험이 훨씬 강력하다.
- **성공의 '주인공' 조명**: 변화를 위해 노력한 팀원들의 공을 공개적으로 칭찬하고, '이달의 혁신가'와 같이 상징적인 보상을 제공하라. 그리고 그들이 직접 자신들의 경험과 노하우를 공유하는 'Lessons Learned 공유회'를 열어, 그들을 조직 내 '영웅'으로 만들어라. 이는 다른 직원들에게 "저 사람도 했는데, 나도 할 수 있다"는 강력한 동기와 용기를 부여한다.
- **성공의 '재해석' 및 '제안'**: 성공에 안주하지 말고, 다른 부서의 문을 적극적으로 두드려라. 단순히 "우리 이런 거 해서 성공했어요"라고 자랑하는 데 그치지 않고, 그들의 업무를 사전에 분석하여 맞춤형 제안을 해야 한다. "저희가 이번에 교통 데이터

를 분석해서 이런 문제를 해결했는데, 이 분석 모델의 로직을 응용하면 복지 담당 부서에서 관리하시는 '위기 가구 방문 우선순위'를 정하는 데도 큰 도움이 될 것 같습니다. 저희가 분석했던 방법론과 코드를 공유해 드릴 테니, 함께 해보시겠어요?"와 같이, 나의 성공을 다른 사람의 문제에 대한 구체적인 해결책으로 재해석하여 먼저 손을 내밀어야 한다.

변화에 대한 저항을 넘는 가장 좋은 방법은 더 크고 압도적인 성공의 물결을 만들어내는 것이다. 하나의 작은 성공이 또 다른 성공을 낳고, 그 성공들이 모여 조직의 문화를 바꾸는 거대한 흐름을 만들 때, 거점 리더의 임무는 비로소 완수를 향해 나아가게 된다. 이제 3부의 플레이북을 지나, 4부에서는 거점 리더와 행정이 나아갈 미래의 비전을 그려볼 것이다.

제4부

어디로 나아갈 것인가?

: 거점 리더와 행정의 미래

제10장

거점 리더의 성장과 경력 경로

    지금까지 우리는 AI·데이터기반행정이라는 거친 파도를 헤쳐 나가는 현장 사령관, 즉 거점 리더의 역할과 역량, 그리고 실전 전략에 대해 이야기했다. 작은 성공을 만들어내고, 조직의 저항을 넘어 변화의 물결을 일으키는 동안, 당신은 자신도 모르게 놀랍도록 성장해 있었을 것이다. 데이터를 숫자가 아닌 이야기로 보고, 동료들을 설득하여 불가능해 보였던 협업을 끌어내며, 당신은 이미 과거의 당신이 아닌 새로운 리더로 거듭났다.

    그렇다면 이 값진 경험과 성장의 여정, 그 다음 단계는 무엇일까? 거점 리더로서의 경험은 당신의 공직 경력에 어떤 의미를 가질까? 이번 장에서는 한 명의 리더로서 당신이 어떻게 전문성을 심화시키고, 조직 내에서 새로운 길을 개척하며, 더 큰 영향력을 발휘하는 리더로 성장할 수 있는지 그 미래 경로를 구체적으로 그려보고자 한다. 이것은 단순한 경력 관리를 넘어, 당신의 영향력을 조직 전체, 나아가 사회 전체로 확장해나가는 전략 지도다.

나만의 전문성 구축하기: T자형 인재를 넘어 π자형 인재로

거점 리더는 여러 분야를 연결하는 '제너럴리스트Generalist'의 성격이 강하다. 하지만 성공적인 프로젝트 경험이 쌓이면, 자연스럽게 자신만의 특화된 전문 분야가 생겨나기 시작한다. 이는 당신을 대체 불가능한 인재로 만들어주는 강력한 무기가 된다. 넓은 지식(T자의 가로 막대)을 바탕으로 한두 개의 깊이 있는 전문성(T자의 세로 막대)을 갖춘 'T자형 인재'를 넘어, 두 개 이상의 전문 분야를 가진 '파이π자형 인재'로 진화하는 것을 목표로 삼아야 한다.

- **특정 업무 분야**Domain **전문가**: 교통, 복지, 환경, 안전 등 특정 행정 분야의 문제 해결 경험을 깊이 파고들어, 해당 분야에서는 누구도 따라올 수 없는 데이터 기반 정책 전문가로 성장할 수 있다. 예를 들어, '교통 데이터 분석을 통한 상습 정체 해결

전문가'에서 한 걸음 더 나아가, '실시간 데이터 기반 스마트 모빌리티 정책 설계 전문가'가 되는 것이다. 이는 단순히 신호 최적화를 넘어, 최적의 대중교통 노선 설계, 공유 모빌리티 배치, 나아가 도시 공간 계획에까지 데이터 기반의 통찰력으로 영향을 미치는 수준을 의미한다. 특정 업무 도메인에 대한 깊은 이해를 바탕으로 데이터를 활용해 정책의 품질을 획기적으로 높이는 경로다.

- **특정 기술 활용 전문가**: 자연어 처리[NLP], 영상 분석, 예측 모델링 등 특정 AI 기술을 행정에 접목하는 데 특화된 전문가가 될 수 있다. '민원 텍스트 데이터 분석을 통한 행정 수요 예측 전문가'처럼, 기술과 행정을 잇는 자신만의 다리를 놓는 것이다. 여기서 더 나아가, '대국민 문서 자동 요약 및 감성 분석을 통한 정책 피드백 시스템 설계 전문가'로 발전할 수 있다. 이는 단순히 수요를 예측하는 것을 넘어, 정책에 대한 시민들의 반응을 실시간으로 분석하고, 그 결과를 정책 개선에 즉각적으로 반영하는 새로운 행정 시스템을 기획하는 역할을 포함한다.

- **조직 변화 관리 전문가**: 데이터 기반 프로젝트를 여러 번 성공시키며 얻은 노하우를 바탕으로, 조직의 문화를 바꾸고 혁신을 확산시키는 '변화 관리 컨설턴트'로서의 역량을 키울 수도

있다. 이는 특정 프로젝트의 성공을 넘어, 조직 전체의 '데이터 기반 혁신 체질'을 만드는 역할이다. 다른 부서의 프로젝트를 멘토링해주거나, 조직의 데이터 리터러시 교육 프로그램을 직접 설계하고, 혁신 프로젝트의 성공과 실패 사례를 분석하여 조직의 표준 '혁신 플레이북'을 만드는 등 조직의 혁신 인프라를 구축하는 전문가로 자리매김할 수 있다.

중요한 것은 의식적으로 자신의 경험을 기록하고 정리하여, 남에게 설명할 수 있는 '자신만의 방법론'으로 만드는 것이다. 프로젝트가 끝날 때마다 '무엇을 배웠는가Lessons Learned', '어떻게 다르게 할 수 있었는가Improvements'를 정리한 회고 노트를 작성하라. 성공적인 프로젝트의 체크리스트나 템플릿을 만들어 동료들과 공유하라.

이런 과정이 축적될 때, 당신의 암묵적인 경험은 다른 사람도 활용할 수 있는 명시적인 지식이 된다. 이는 당신의 성장을 가속화하고, 경력에 명확한 방향을 제시해 줄 것이다.

최고 데이터 책임자CDO 로 가는 길

최근 많은 선진 정부와 기업에서는 최고 데이터 책임자CDO, Chief

Data Officer라는 직책을 신설하고 있다. CDO는 조직의 모든 데이터 자산을 총괄하며, 데이터를 활용한 혁신 전략을 수립하고 실행하는 핵심 리더다. 단순히 데이터를 관리하는 기술 책임자가 아니라, 데이터를 통해 조직의 비전과 목표를 달성하는 전략가다.

거점 리더의 성장 경로의 정점에는 바로 이 CDO가 있다. 여러 부서를 연결하고, 데이터로 문제를 해결하며, 조직의 변화를 이끌었던 당신의 경험은 CDO가 갖춰야 할 핵심 역량과 정확히 일치한다. 거점 리더가 개별 전투를 승리로 이끄는 '현장 사령관'이라면, CDO는 전쟁 전체의 승리를 설계하는 '총사령관'이다.

물론 CDO가 되기 위해서는 더 넓은 시야와 깊은 전문성이 필요하다.

- **전사적 시야**: 특정 부서의 문제를 넘어, 기관 전체의 비전과 목표에 맞춰 데이터 전략을 수립할 수 있어야 한다. '우리 부서의 문제 해결'에서 '기관 전체의 가치 창출'로 관점을 전환해야 한다. 이를 위해 기관의 중장기 발전 계획이나 업무 계획을 꾸준히 읽고, 자신의 데이터 프로젝트가 그 큰 그림에 어떻게 기여할 수 있는지 연결하는 훈련을 해야 한다.
- **데이터 거버넌스 리더십**: 기관의 데이터 표준을 정립하고, 데

이터 품질을 관리하며, 데이터 보안과 공유에 대한 원칙을 세우고 책임져야 한다. 이는 '데이터를 어떻게 쓸까'의 문제를 넘어, '어떤 데이터를, 누가, 어떻게 관리하고 책임질 것인가'에 대한 질서를 세우는 일이다. 기관의 '데이터 품질 위원회'를 주도하고, '부서 간 데이터 공유 가이드라인'을 제정하는 등 데이터라는 자산이 체계적으로 관리되고 활용될 수 있는 인프라를 구축하는 리더십이 필요하다.

- **미래 예측 능력**: 현재의 문제를 해결하는 것을 넘어, 데이터와 기술의 흐름을 읽고 조직이 나아갈 미래 방향을 제시할 수 있어야 한다. 3년 뒤, 5년 뒤에 우리 기관에 가장 큰 영향을 미칠 기술은 무엇이며, 우리는 지금 어떤 데이터를 준비해야 하는지 통찰할 수 있어야 한다. 이를 위해 국내외 기술 동향 리포트를 꾸준히 학습하고, 다른 산업 분야의 혁신 사례에서 행정에 적용할 아이디어를 찾는 노력이 필요하다.

거점 리더로서의 하루하루가 바로 CDO로 성장하기 위한 훈련 과정이다. 작은 프로젝트를 수행할 때도, '이것이 기관 전체로 확산된다면 어떤 모습일까?'를 상상하며 더 큰 그림을 그리는 연습을 게을리하지 마라. 당신의 시야가 넓어지는 만큼, 당신의 역할도

커질 것이다.

최고 데이터 책임자CDO를 넘어 최고 인공지능 책임자CAIO로 가는 길

최고 데이터 책임자CDO와 더불어 최고 인공지능 책임자CAIO, Chief AI Officer라는 새로운 리더십 직책을 신설하고 있다. CAIO는 조직의 AI 전략과 실행을 총괄하며, 인공지능을 통한 혁신과 경쟁력 강화를 이끄는 핵심 리더다.

AI 전환의 중심에서 다양한 부서를 연결하고, AI로 문제를 해결하며, 조직의 변화를 주도해온 당신의 경험은 CAIO가 갖춰야 할 역량과 정확히 맞닿아 있다. 물론 CAIO가 되기 위해서는 한층 더 넓은 시야와 깊은 전문성이 필요하다.

- **전사적 AI 전략 수립**: CAIO는 특정 부서의 효율성 개선을 넘어, 기관 전체의 비전과 목표에 부합하는 AI 전략을 설계하고 실행할 수 있어야 한다. AI가 가져올 변화의 파급력을 이해하고, 이를 조직의 성장 동력으로 전환하는 안목이 필요하다.
- **AI 윤리 및 거버넌스 리더십**: AI 기술의 발전과 함께, 윤리·책

임·투명성에 대한 사회적 요구도 커지고 있다. CAIO는 조직 내 AI 활용의 원칙을 정립하고, 데이터 보호, 알고리즘의 공정성, AI 리스크 관리 등 AI 거버넌스 전반을 책임져야 한다.
- **미래 예측과 혁신 촉진**: CAIO는 단순히 현재의 AI 도입을 넘어, 기술 트렌드와 시장 변화를 읽고 조직이 나아갈 미래를 설계해야 한다. AI와 데이터, 자동화, 생성형 AI 등 신기술의 융합을 통해 새로운 비즈니스 기회를 창출하고, 조직의 혁신을 가속화하는 역할을 맡는다.

AI 리더로서의 매일매일이 바로 CAIO로 성장하기 위한 값진 훈련 과정이다. 지금의 경험을 소중히 여기고, AI가 바꿀 더 큰 세상을 상상하며, 전략적 사고와 리더십을 키워나가라. CAIO는 곧 조직의 미래를 설계하는, 가장 중요한 리더십의 정점이 될 것이다.

거점 리더들의 네트워크와 커뮤니티

변화의 여정은 때로 외롭다. 조직 내에서 비슷한 고민을 나누고 해결책을 찾기 어려울 때가 많기 때문이다. '데이터 때문에 되는 일이 없다'는 불평과 '하던 대로 하자'는 관성 속에서 고군분투하다 보면 쉽게 지치고 만다. 하지만 당신과 같은 길을 걷고 있는 거점 리더들은 다른 기관, 다른 부서에도 분명히 존재한다.

혼자 가면 빨리 갈 수 있지만, 함께 가면 멀리 갈 수 있다. 고립되지 않고 외부의 동료들과 연결되는 것은 당신의 성장을 위해 매우 중요하다. 네트워크는 단순히 인맥을 넓히는 것을 넘어, 나의 시야를 넓히고, 문제 해결의 실마리를 찾으며, 지쳤을 때 다시 일어설 용기를 얻는 가장 강력한 자산이다.

- **학습 커뮤니티 참여**: 데이터 분석, AI, 공공정책 등 관련 주제를 공부하는 온·오프라인 스터디나 커뮤니티에 적극적으로 참여하라. '공공데이터 실무자 포럼', '정부혁신 스터디 그룹' 등 당신과 비슷한 고민을 하는 사람들이 모인 곳을 찾아라. 그곳에서 새로운 지식을 얻는 것은 물론, 열정적인 동료들에게서 긍정적인 자극과 영감을 얻을 수 있다.
- **나의 경험 공유하기**: 자신의 성공 사례나 실패 경험을 외부 포럼, 세미나, 혹은 개인 블로그 등을 통해 용기 내어 공유하라. 처음에는 작게 시작해도 좋다. 부서 내 스터디에서 작은 성공 사례를 발표하는 것부터 시작하라. 공유는 가장 좋은 학습 방법이며, 내가 가진 지식을 체계화하는 최고의 훈련이다. 또한,

당신의 경험에 공감하는 새로운 동료들을 끌어당기는 자석이 될 것이다.
- **느슨하지만 강력한 연대 만들기**: 공식적인 조직이 아니더라도, 비슷한 고민을 하는 다른 기관의 동료들과 정기적으로 교류하며 서로의 '멘토'이자 '지원군'이 되어주어라. 다른 조직의 성공 사례는 나의 문제를 해결할 의외의 힌트가 되고, 나의 실패 경험은 동료가 같은 실수를 반복하지 않도록 돕는 백신이 된다. 정기적인 온라인 모임을 통해 각자의 프로젝트 진행 상황을 공유하고, 어려운 문제에 대해 집단 지성으로 해결책을 모색하는 '개인 자문단'을 만들어보는 것도 좋다.

이러한 네트워크는 당신이 어려움에 부딪혔을 때 기댈 수 있는 든든한 어깨가 되어주고, 더 넓은 세상으로 나아갈 수 있도록 시야를 넓혀주는 창문이 될 것이다. 거점 리더들의 강력한 연대가 만들어질 때, 대한민국 행정의 혁신은 더욱 힘차게 전진할 것이다.

제11장

AI · 데이터기반행정의 미래상

    지금까지 우리는 거점 리더라는 한 개인의 성장을 넘어, 그들이 조직과 사회를 어떻게 바꾸어 나가는지를 살펴보았다. 그렇다면 이 모든 변화의 흐름이 합쳐져 만들어낼 미래의 행정은 과연 어떤 모습일까? 거점 리더들의 노력이 뿌리내린 대한민국은 시민들의 삶을 어떻게 바꾸어 놓을까?

    AI와 데이터가 공기처럼 당연해진 사회, 그 속에서 정부는 더 이상 문제 발생 후 수습하는 '소방수'가 아니라, 시민의 삶을 먼저 살피고 위험을 예방하며 개개인의 행복을 지원하는 '지능형 파트너'로 다시 태어날 것이다. 정부의 역할이 사후 처리 중심의 '문제 해결사'에서, 시민의 성장을 돕고 잠재력을 극대화하는 '가능성 촉진자'로 진화하는 것이다. 우리가 꿈꾸는 미래는 다음 세 가지 모습으로 구체화될 수 있다.

데이터가 스스로 말하는 '예측 행정'

미래의 행정은 더 이상 '신청'을 기다리지 않는다. 도시 곳곳에 설치된 센서와 시스템을 통해 수집된 데이터가 스스로 말하고, 인공지능이 그 의미를 분석하여 문제가 발생하기 전에 경고 신호를 보낸다. 이는 마치 유능한 의사가 환자의 작은 징후를 보고 큰 병을 미리 예방하는 것과 같다.

- **선제적 재난 및 안전 관리**: 과거의 강수량, 지형 데이터와 현재의 기상 데이터를 실시간으로 분석하여, 특정 지역의 침수 위험을 몇 시간 전에 예측하고 해당 지역 주민들에게 대피 경보를 보낸다. 여기서 더 나아가, AI는 가장 효과적인 대피 경로와 수용 시설의 포화도를 계산하여 안내함으로써 대피 과정의 혼란을 최소화한다. 노후 건물의 미세한 진동 데이터를 모니터링하여 붕괴 위험을 사전에 감지하고 선제적인 보강 공사를 시행하며, 건조한 날씨와 풍향 데이터를 분석해 산불 발생 위험이

가장 높은 지역을 예측하고 감시 드론을 집중적으로 배치한다. 전염병 확산 시뮬레이션 모델을 통해, 특정 정책(예: 사회적 거리두기 단계 조정)이 미래의 확진자 수에 미칠 영향을 미리 예측하고 가장 효과적인 방역 대책을 수립한다.

- **똑똑한 도시 운영과 자원 최적화**: 교통량 데이터와 대중교통 이용 패턴을 분석하여 신호 체계를 실시간으로 최적화하고, 버스 배차 간격을 자동으로 조절하여 시민들의 기다리는 시간을 줄여준다. 쓰레기통에 부착된 센서가 적재량을 감지하여, 가장 효율적인 수거 경로를 환경미화원에게 알려주는 것을 넘어, 요일별·지역별 쓰레기 배출량 패턴을 분석해 인력과 차량을 가장 필요한 곳에 미리 배치한다. 스마트 가로등은 유동인구가 없을 때 조도를 자동으로 낮춰 에너지를 절약하고, 공원이나 공공시설의 에너지 사용량 데이터를 분석하여 불필요한 낭비를 찾아내고 관리 비용을 절감한다.

- **미래 수요 예측 기반의 장기 계획**: 인구 이동 데이터, 산업 구조 변화, 온라인 관심사 등을 종합하여 미래의 행정 수요를 예측한다. 5년 후 특정 지역에 보육 시설이 부족할 것을 예측하고 미리 부지를 확보하거나, 새로운 기술의 등장으로 인해 필요해질 직업 교육 프로그램을 선제적으로 개발한다. 예를 들어, 특

정 산업의 자동화 수준과 고용 데이터를 분석하여, 5년 뒤 일자리를 잃을 위험이 큰 직업군을 미리 예측하고, 이들을 위한 맞춤형 재교육 프로그램을 지금부터 설계하고 투자하는 것이다. 이는 미래의 사회 문제를 미리 해결하는 가장 현명한 투자가 된다.

이처럼 예측 행정은 문제 해결의 패러다임을 '사후 대응'에서 '사전 예방'으로 완전히 전환시켜, 한정된 예산과 인력으로 사회 전체의 안전과 효율을 극대화한다.

시민 개개인을 위한 '초개인화 서비스'

'모든 국민에게 동일한 혜택'을 제공하는 기존의 보편적 서비스는 비효율을 낳거나, 정말 도움이 필요한 사람에게는 닿지 않는 경우가 많았다. 지능형 정부는 시민 개개인의 상황과 필요를 정확히 파악하여, 마치 나를 위한 전담 비서처럼 맞춤형 서비스를 제공하는 '초개인화' 시대를 연다. 이는 '평균적인 시민'이라는 허상에서 벗어나, 살아 숨 쉬는 한 명 한 명의 '개인'에게 집중하는 행정 철학의 전환을 의미한다.

- **나보다 나를 더 잘 아는 복지**: 한 청년의 소득, 구직 활동, 건강 상태 데이터를 (본인 동의하에) 종합적으로 분석하여, 그에게 가장 필요한 주거 지원 정책과 맞춤형 일자리를 먼저 추천해준다. 별도의 신청 절차 없이도, 위기 징후가 보이면 AI가 먼저 안부를 묻고 상담을 연결해준다. "최근 3개월간 병원 방문 횟수가 급증하고 통신료가 연체되셨네요. 혹시 도움이 필요하시면 '마음건강 상담센터'에 연결해 드릴까요?"와 같이, 시스템이 먼저 시민의 어려움을 헤아리고 손을 내민다.

- **평생 건강 관리 파트너**: 개인의 건강검진 결과, 생활 습관, 유전 정보 등을 바탕으로 미래에 발생할 수 있는 질병의 위험도를 알려주고, 개인 맞춤형 식단과 운동 프로그램을 제안한다. 몸이 아플 때 증상을 입력하면, 가장 적합한 병원과 전문의를 추천해 준다. 웨어러블 기기와 연동하여 실시간으로 건강 상태를 모니터링하고, 이상 징후 발생 시 즉시 본인과 지정된 보호자에게 알림을 보낸다. 이는 질병이 발생한 후 치료하는 것이 아니라, 일상 속에서 건강을 지키고 질병을 예방하는 '예방 중심 의료'로의 전환을 가능하게 한다.

- **맞춤형 교육 및 경력 설계**: 한 학생의 학습 이력, 관심사, 재능을 분석하여 그에게 가장 적합한 진로와 교육 과정을 설계해준

다. 특정 과목에 어려움을 느끼면, 그 학생의 이해도에 맞는 최적의 보충 학습 콘텐츠를 AI 튜터가 제공한다. 성인이 된 후에도, 현재 직업의 미래 전망과 개인의 경력 목표를 분석하여, 경력 전환이나 역량 향상에 필요한 교육 프로그램을 추천하고 관련 정부 지원 사업과 자동으로 연결해준다. 이는 모든 국민이 자신의 잠재력을 최대한 발휘할 수 있도록 돕는 '평생 학습 사회'의 기반이 된다.

이러한 초개인화 서비스는 시민 개개인의 삶의 만족도를 높이는 것은 물론, 행정 서비스를 '비용'이 아닌 '투자'의 개념으로 바꾸어 사회 전체의 잠재력을 끌어올릴 것이다.

지능형 정부를 향한 제언

이러한 미래가 저절로 오는 것은 아니다. 기술의 발전만으로는 부족하다. 우리가 꿈꾸는 지능형 정부를 현실로 만들기 위해서는, 지금부터 제도적, 문화적 기반을 단단히 다져나가야 한다.

- **데이터 공유와 활용을 위한 법·제도 혁신**: 부처 간 칸막이를

허물고, 공공과 민간의 데이터가 안전하게 융합되고 활용될 수 있도록 데이터 관련 법규와 제도를 과감하게 정비해야 한다. 개인정보보호라는 절대적 가치를 지키면서도, 안전하게 가명·익명 처리된 데이터는 새로운 가치 창출을 위해 더 자유롭게 흐를 수 있도록 길을 터주어야 한다. 민간 기업이나 연구 기관이 공공 데이터를 안전하게 분석하고 활용할 수 있는 '데이터 샌드박스' 제도를 활성화하고, 데이터의 품질과 활용을 총괄하는 범정부 차원의 '데이터 거버넌스 위원회'를 설립하여 일관된 전략을 추진해야 한다. 물론, 개인정보보호와 데이터 주권에 대한 강력한 철학과 사회적 합의가 전제되어야 함은 물론이다.

- **도전과 실패를 용납하는 조직 문화**: '작게 시작하여 빠르게 실패하고, 거기서 배워 더 나은 방향으로 나아가는' 애자일^{Agile} 문화가 공공 조직 전반에 뿌리내려야 한다. 100%의 성공률을 요구하는 경직된 평가 시스템 대신, 도전적인 시도 자체를 장려하고 실패의 경험을 자산으로 인정하는 유연한 문화가 필요하다. 성공하지 못한 프로젝트라도 그 과정에서 의미 있는 교훈을 얻었다면 이를 '성공적인 실패'로 인정하고, 그 경험을 조직 전체가 공유하는 '실패 사례 공유회'를 정례화하는 것도 좋

은 방법이다. 감사 제도의 패러다임 역시 '결과' 중심에서 '과정의 합리성'을 존중하는 방향으로 전환되어야 한다.
- **'사람'에 대한 지속적인 투자**: 결국 이 모든 변화를 이끌어가는 주체는 사람이다. 오늘 우리가 이야기한 '거점 리더'와 같은 인재를 조직 내부에서 체계적으로 양성하고, 그들이 마음껏 역량을 펼칠 수 있도록 권한과 책임을 부여해야 한다. 신입 직원부터 고위 관리자까지 전 직급에 걸쳐 데이터 문해력(Data Literacy) 교육을 의무화하고, 데이터 분석이나 AI 기획 역량을 갖춘 인재에게는 파격적인 인센티브와 승진 기회를 제공하는 '데이터 전문가 트랙'을 신설해야 한다. 기술을 이해하고, 데이터를 사랑하며, 사람을 향하는 따뜻한 가슴을 가진 리더를 키워내는 것, 이것이야말로 지능형 정부를 향한 가장 확실한 투자다.

AI·데이터기반행정은 더 이상 선택이 아닌, 피할 수 없는 미래다. 이 거대한 전환의 시대에, 당신이 바로 그 미래를 여는 첫 번째 문이며, 가장 중요한 열쇠가 될 것이다.

에필로그

변화의 중심에 설 당신에게

긴 여정을 함께해 준 독자에게, 그리고 변화의 문턱에서 이 책을 손에 든 당신에게 진심으로 감사의 마음을 전한다.

우리는 이 책을 통해 AI와 데이터가 바꾸어 놓을 행정의 미래를 엿보았고, 그 거대한 변화의 중심에 설 '거점 리더'의 모습을 그려 보았다. 기술과 사람을 잇는 연결자, 문제의 본질을 파고드는 탐험가, 그리고 아이디어를 현실로 만드는 현장 사령관까지. 어쩌면 이 모든 역할을 감당해야 한다는 사실에 어깨가 무겁고, 막막함이 앞설지도 모르겠다.

하지만 이 책에서 말하는 거점 리더는 처음부터 모든 것을 갖춘 완벽한 영웅이 아니다. 오히려 그는 자신의 부족함을 알기에 끊임없이 배우고, 혼자서는 할 수 없음을 알기에 동료에게 기꺼이 손을 내밀며, 거창한 계획보다 눈앞의 작은 문제를 해결하는 것에서부터 출발하는 사람이다.

두려움을 넘어, 첫발을 내딛는 용기

변화는 언제나 두려움을 동반한다. 익숙한 것들과의 결별, 예측할 수 없는 미래, 그리고 실패에 대한 공포는 우리를 주저하게 만든다. "내가 과연 할 수 있을까?"라는 의심이 고개를 들 때마다, 당신이 결코 혼자가 아님을 기억해 주길 바란다.

당신의 부서에는 데이터 저편의 세상을 궁금해하는 동료가, 당신의 기관에는 낡은 관행을 바꾸고 싶어 하는 또 다른 당신이 분명히 존재한다. 당신의 작은 용기가 이들과 연결될 때, 그 용기는 더 이상 개인의 것이 아닌, 조직을 움직이는 거대한 힘이 될 것이다.

처음부터 모든 것을 바꾸려 하지 않아도 괜찮다. 일상적인 업무에서 불편했던 작은 문제 하나를 데이터로 다시 들여다보는 것, 동료들과 점심시간에 모여 책의 한 구절에 대해 이야기를 나누는 것, 그것이 바로 위대한 변화의 첫걸음이다.

당신이 바로 조직의 가장 중요한 자산이다

AI·데이터기반행정의 시대, 우리는 종종 기술의 화려함에 매료되어 가장 중요한 사실을 잊곤 한다. 바로 이 모든 기술은 결국 '사람'을 위해 존재하며, '사람'에 의해 움직인다는 것이다.

정부의 가장 중요한 자산은 번듯한 신청사나 최첨단 슈퍼컴퓨터가 아니다. 바로 지금 이 순간에도 국민을 위해 더 나은 행정을 고민하는 당신, 변화의 필요성에 공감하며 새로운 내일을 꿈꾸는 당신과 당신의 동료들이다.

이 책을 덮은 후, 당신이 있는 현장으로 돌아가 다시 한번 주위를 둘러보길 바란다. 당신의 손길을 기다리는 데이터와, 당신의 열정에 기꺼이 동참할 동료들이 그곳에 있다.

두려움을 넘어, 담대하게 첫발을 내딛으라.
당신이 바로 우리 조직의 희망이자, 대한민국 행정의 미래다.

부록

1 거점 리더를 위한 실용 정보
2 용어 해설
3 현장 인터뷰
　나는 이렇게 '거점 리더'가 되었다
4 실습 워크시트 및 체크리스트
5 자주 빠지는 함정과 극복 방법
6 상사와 조직을 설득하는 기술
7 참고 문헌

부록 1

거점 리더를 위한 실용 정보

1. 추천 도서 및 학습 사이트

추천 도서

- 『데이터 분석의 힘』(이토 고이치로, 2018): 데이터 분석의 기본 개념부터 비즈니스 현장에서의 활용까지, 비전공자도 쉽게 이해할 수 있도록 설명합니다.

- 『린 분석: 성공을 예측하는 31가지 사례와 데이터 분석의 기술』(앨리스테어 크롤, 벤저민 요스코비츠, 2014): 데이터를 통해 가설을 세

우고, 검증하며, 제품과 서비스를 개선해나가는 '린Lean' 방식을 구체적인 사례와 함께 소개합니다.

- 『**생각의 탄생**』(로버트 루트번스타인, 미셸 루트번스타인, 2007): 창의적인 문제 해결을 위한 13가지 생각의 도구를 제시하며, 통찰력을 기르는 데 도움을 줍니다.

- 『**탁월함을 만드는 일의 언어**』(김은애, 2025): 조직 내에서의 논리적인 소통과 설득, 보고의 기술을 다룹니다. 데이터 분석 결과를 효과적으로 전달하는 데 유용합니다.

- 『**우리에게는 다른 데이터가 필요하다**』(김재연, 2023): 현재 공무원 편의 중심으로 설계된 전자정부 서비스와 데이터 시스템을 '시빅 데이터civic data(시민을 위한 데이터)' 중심으로 재편하여 모든 사람이 더 쉽고 편리하게 정부 혜택을 누리고 민주주의가 성숙할 수 있도록 해야 한다.

- 『**박태웅의 AI 강의 2025**』(박태웅, 2024): 인공지능AI이 우리 사회와 일상에 미칠 변화와 그 본질, 그리고 우리가 준비해야 할 미래 전략을 다양한 사례와 통찰로 풀어내는 책입니다.

- 『**AI로 정부를 대전환하라**』(배일권, 2025): 정부는 AI를 단순 도입이 아닌 'AI by Design' 원칙으로 행정 체계 전반을 근본적으로 재설계하여 지능형 정부로 전환하기 위한 구체적 전략을 소개하는

책입니다.
- **『데이터로 세상을 듣다』**(신환철, 2025): 브런치북에 연재된 글이다. 데이터는 숫자가 아니라 '세상을 이해하는 언어'이고, 복잡한 용어 대신 일상의 이야기로, 우리가 매일 마주하는 데이터와 AI의 세계를 친근하게 풀어냅니다.

학습 사이트

- **AI데이터학습지원시스템**(databus.kr): 정부·공공기관 및 실무자를 위한 AI·데이터 역량 강화 교육 플랫폼입니다.
- **K-MOOC**(kmooc.kr): 국내 대학 및 기관의 우수한 강좌를 온라인으로 제공합니다. 데이터 문해력, 인공지능 첫걸음 등 다양한 강좌를 찾을 수 있습니다.
- **Coursera**(coursera.org), **edX**(edx.org): 해외 유수 대학의 데이터 과학, AI, 리더십 관련 강의를 무료 또는 유료로 수강할 수 있습니다.
- **생활코딩**(opentutorials.org): 코딩이나 데이터베이스 등 기술적인 주제에 대해 일반인의 눈높이에 맞춰 쉽게 설명해주는 비영리 교육 사이트입니다.

- **데이터 전문가 포럼**(cafe.naver.com/sqlpd): 데이터 관련 자격증 정보, 스터디, 업계 동향 등 실무자들의 생생한 정보를 얻고 교류할 수 있는 커뮤니티입니다.
- **한국데이터사이언티스트협회**(https://www.cdsa.kr): 인공지능과 데이터 관련 실무 교육과 최신 정보를 제공하는 전문가 모임입니다.

2. 유용한 데이터 분석 및 인공지능 도구

- **MS 엑셀**Excel: 가장 기본적인 데이터 분석 도구. 피벗 테이블, 차트 기능만 잘 활용해도 현장의 많은 문제를 해결할 수 있습니다.
- **파이썬**Python **& R**: 통계 분석, 머신러닝 등 전문적인 데이터 분석을 위한 프로그래밍 언어입니다. 처음에는 어렵지만, 방대한 라이브러리를 통해 강력한 분석이 가능합니다.
- **태블로**Tableau, **MS 파워 BI**Power BI: 대표적인 데이터 시각화 및 BIBusiness Intelligence 도구. 코딩 없이 드래그 앤 드롭 방식으로 데이터를 연결하여 인터랙티브한 대시보드를 만들 수 있습니다. 공공데이터 포털의 데이터를 연결해 연습해 보기 좋습니다.
- **오렌지3**(Power BI): 대표적인 오픈소스 데이터 분석 및 머신러닝 도구입니다. 코딩 없이 마우스 드래그 앤 드롭 방식으로 데이터를

불러오고, 전처리·시각화·머신러닝 분석을 손쉽게 할 수 있습니다.

- **Lovable & Replit**: Lovable(러버블)은 코딩 지식 없이도 누구나 쉽게 챗봇, AI 상담사, 자동화 에이전트 등을 만들 수 있는 AI 기반의 챗봇·에이전트 제작 플랫폼입니다. Replit(레플릿)은 웹브라우저에서 바로 코딩, 실행, 배포까지 할 수 있는 온라인 통합 개발 환경^{IDE} 플랫폼입니다.

- **Supabase**: PostgreSQL 기반의 오픈소스 Backend as a Service(BaaS) 플랫폼으로, 빠르고 쉽게 웹·모바일 앱의 백엔드를 구축할 수 있도록 돕는 서비스입니다. 복잡한 서버 개발 없이도 데이터베이스, 인증, 파일 스토리지, 실시간 데이터 동기화, 서버리스 함수$^{Edge\ Functions}$ 등 핵심 백엔드 기능을 손쉽게 사용할 수 있습니다.

- **NoetbookLM**: 구글이 개발한 AI 기반 문서 분석 및 지식 작업 도구로, 사용자가 업로드한 다양한 문서(구글 문서, PDF, 텍스트, 웹 링크 등)를 바탕으로 정보를 요약·분석하고, 질문에 답하며, 아이디어를 생성할 수 있는 개인 맞춤형 AI 연구 비서입니다.

- **Google AI 스튜디오**$^{AI\ Studio}$: 구글에서 제공하는 챗팅, 동영상, 음성, 데이터 분석, 시각화 등 다양한 인공지능 서비스를 무료로 이용가능합니다.

3. 인공지능 데이터기반행정 관련 법규 및 가이드라인 요약

- **지능정보화 기본법**: 지능정보기술(AI, IoT 등)을 활용하여 국가 사회 전반의 지능정보화를 실현하기 위한 기본법. AI 윤리 원칙 확보, 관련 인재 양성 등의 내용을 담고 있습니다.
- **공공데이터의 제공 및 이용 활성화에 관한 법률**(공공데이터법): 국민이 공공데이터에 자유롭게 접근하고 이용할 수 있도록 보장하는 법률. 다른 기관의 데이터를 활용하고자 할 때 법적 근거가 됩니다.
- **데이터기반행정 활성화에 관한 법률**(데이터기반행정법): 데이터를 기반으로 한 행정의 활성화에 필요한 사항을 정한 법률. 객관적이고 과학적인 행정을 통하여 공공기관의 책임성, 대응성 및 신뢰성을 높이고 국민의 삶의 질을 향상시키는 것을 목적으로 합니다.
- **개인정보보호법**: 데이터 활용의 가장 기본이 되는 법률. 개인정보의 수집·이용·제공·파기 등 전 과정에 대한 원칙을 규정하고 있으며, 특히 가명·익명처리에 대한 조항을 정확히 이해하는 것이 중요합니다.
- **데이터 산업진흥 및 이용촉진에 관한 기본법**(데이터산업법): 데이

터 생산, 거래, 활용을 촉진하여 데이터 경제를 활성화하기 위한 법률. 데이터 가치 평가, 데이터 분석 제공 사업 등에 대한 내용이 포함됩니다.

- **각 부처 및 기관별 가이드라인**: 행정안전부의 '공공데이터 품질관리 가이드라인', '데이터기반행정 책임관 직무 수행 가이드라인' 등 관련 부처에서 발행하는 구체적인 지침들을 참고하면 실무에 큰 도움이 됩니다.

※ 법률 및 가이드라인은 수시로 개정되므로, 반드시 국가법령정보센터(law.go.kr) 등에서 최신 내용을 확인해야 합니다.

부록 2

용어 해설

이 책에 자주 등장하는 AI 및 데이터 관련 주요 용어들을 비전공자도 쉽게 이해할 수 있도록 풀어서 설명합니다.

ㄱ

거버넌스Governance: 공동의 목표를 달성하기 위해 관련된 이해관계자들이 의사결정에 참여하고 협력하는 체계. '데이터 거버넌스'는 조직의 데이터를 신뢰할 수 있는 자산으로 관리하고 활용하기 위한 전사적인 정책과 절차, 책임을 총괄하는 체계를 의미합니다.

ㄴ

NLP^{Natural Language Processing}(자연어 처리): 컴퓨터가 인간이 사용하는 언어(자연어)를 이해하고, 처리하며, 생성할 수 있게 하는 인공지능 기술. 민원 텍스트 분석, 챗봇 등에 활용됩니다.

ㄷ

다크 데이터^{Dark Data}: 수집은 되었지만 분석되거나 활용되지 않은 채 방치되어 있는 데이터. 업무용 이메일, 각종 로그 파일, 보고서 등이 해당하며, 가치 있는 통찰의 원천이 될 수 있습니다.

데이터 문해력^{Data Literacy}: 데이터를 읽고, 그 의미를 이해하며, 비판적으로 해석하고, 나아가 데이터에 기반하여 소통할 수 있는 종합적인 능력

디지털 전환^{Digital Transformation, DX}: 디지털 기술을 사회와 조직 운영 전반에 적용하여 구조적인 혁신을 이루는 것. 단순 전산화를 넘어 일하는 방식, 문화, 정책 결정 과정을 근본적으로 바꾸는 것을 포함합니다.

ㄹ

린 스타트업^{Lean Startup}: '만들기-측정-학습'의 과정을 최대한 짧게 반복

하며, 실패의 위험을 줄이고 시장(사용자)의 요구에 맞춰 점진적으로 제품이나 서비스를 개선해나가는 경영 방법론

ㅁ

머신러닝Machine Learning: 인공지능의 한 분야로, 컴퓨터가 방대한 데이터를 스스로 학습하여 숨겨진 패턴을 찾고 미래를 예측하는 기술

ㅂ

BIBusiness Intelligence: 조직 내에 축적된 데이터를 정리하고 분석하여, 경영진이나 담당자가 효과적인 의사결정을 내릴 수 있도록 돕는 기술 및 도구. 시각화 대시보드가 대표적인 예입니다.

블랙박스Black Box: 인공지능 모델이 특정 결론을 내렸을 때, 그 판단의 근거나 과정이 명확하게 설명되지 않는 상태. AI의 공정성과 신뢰성 확보를 위해 해결해야 할 과제로 꼽힙니다.

ㅇ

APIApplication Programming Interface: 서로 다른 프로그램이나 시스템이 정보를 원활하게 주고받을 수 있도록 미리 정해놓은 통신 규칙. 기관 간 데이터 연계 및 공유에 필수적인 기술입니다.

애자일^{Agile}: 처음부터 완벽한 계획을 세우기보다, 짧은 주기로 계획-실행-검토-개선을 반복하며 변화에 민첩하게 대응하는 개발 방법론

MVP^{Minimum Viable Product}(최소기능제품): 고객의 피드백을 받기 위해, 핵심적인 최소한의 기능만 담아 빠르게 출시하는 시제품

ㅊ

CDO^{Chief Data Officer}(최고 데이터 책임자): 조직의 데이터 자산을 총괄하며, 데이터 기반의 혁신 전략을 수립하고 실행하는 핵심 리더

ㅋ

클라우드 컴퓨팅^{Cloud Computing}: 데이터나 소프트웨어를 개인 컴퓨터가 아닌, 인터넷으로 연결된 다른 컴퓨터(서버)에 저장하고 필요할 때마다 원격으로 접속하여 사용하는 방식. 대용량 데이터 처리 및 협업에 유리합니다.

ㅍ

편향성^{Bias}: AI를 학습시키는 데이터가 특정 집단에 치우쳐 있거나 사회적 편견을 담고 있을 경우, AI의 판단 결과 역시 불공정하게 나타

나는 문제

PoC^{Proof of Concept}(기술 검증): 새로운 기술이나 아이디어를 본격적으로 도입하기 전, 그것이 기술적으로 실현 가능한지, 효과는 있는지 등을 소규모로 간단하게 검증해 보는 과정

부록 3

현장 인터뷰
나는 이렇게 '거점 리더'가 되었다

이 책에서 제시한 '거점 리더'는 과연 현실에 존재할까? 그들은 어떤 고민을 하고, 어떻게 장벽을 넘었을까? AI·데이터기반행정의 최전선에서 변화를 이끌고 있는 A 광역시 디지털정책과 김민준 사무관을 만나 생생한 이야기를 들어보았다.

───────────── 프로파일 ─────────────

이름:　　　김민준
소속:　　　A 광역시 디지털정책과
주요 경력:　교통정책과, 복지정책과 등 현업 부서에서 10년간 근무 후,

3년 전 디지털정책과로 자리를 옮겨 데이터기반행정 확산 업무를 담당하고 있다.

Q 원래 IT나 데이터 전문가는 아니셨다고 들었습니다. 어떤 계기로 이 분야에 뛰어들게 되셨나요?

네, 맞습니다. 저는 전형적인 '문과 출신' 행정 공무원이었죠. 교통정책과에 근무하던 시절, 매년 비슷한 시즌에 특정 지역의 버스 노선 관련 민원이 폭주하는 현상을 겪었습니다. 늘 하던 대로 인력을 더 투입하고 현수막을 거는 방식으로 대응했지만, 민원은 줄지 않았죠. 너무 답답해서 '대체 왜 그럴까?' 하는 마음에 관련 데이터를 처음으로 들여다보기 시작했습니다. 교통카드 승하차 데이터, 민원 키워드, 주변 상권 유동인구 데이터를 엑셀로 밤새 씨름하며 분석했죠.

결론은 의외였습니다. 문제는 버스 배차 간격이 아니라, 근처에 새로운 대형 쇼핑몰이 생긴 후 주말 저녁 시간대 노인 승객들의 이용 패턴이 바뀐 것이 핵심 원인이더군요. 데이터 분석 결과를 바탕으로 주말 저녁에 한해 노선을 살짝 조정하는 '작은 실험'을 했고, 다음 해에 해당 민원이 30% 넘게 줄어드는 것을 직접 경험했습니다. 그때 깨달았죠. 데이터는 제 주장을 뒷받침하는 가장 강력한 무기이자, 시민들의 목소리를 가장 정확하게 들을 수 있는 창이라는 것을요. 그 경험이 저를 이곳까지 이끌었습니다.

Q 막상 '거점 리더'의 역할을 시작하니, 가장 어려웠던 점은 무엇이었나요?

세 가지가 가장 힘들었습니다. 첫째는 '데이터의 섬'에 갇혀있다는 느낌이었습니다. 분명히 좋은 데이터를 가진 부서가 있는데, '그건 우리 부서 자료'라며 공유를 꺼리는 문화가 생각보다 견고했습니다. 법적 근거를 들이밀기보다, 그 데이터를 함께 활용했을 때 양쪽 부서 모두에게 어떤 이득이 있는지를 설득하는 데 많은 시간을 쏟았습니다.

둘째는 '그래서, 이게 내 일과 무슨 상관인데?'라는 동료들의 냉담한 반응이었습니다. 데이터나 AI가 중요하다고 백번 말하는 것보다, 그들의 실제 업무(예: 반복적인 보고서 작성) 하나를 자동화해 주는 작은 경험을 선물하는 것이 훨씬 효과적이더군요.

마지막으로, 실패에 대한 두려움이었습니다. 공직 사회는 감점주의 문화가 강하잖아요. 새로운 시도를 하다가 잘못되면 모든 책임을 져야 할 것 같은 부담감이 컸습니다. 그래서 처음부터 거창한 사업 대신, 실패해도 부담이 적은 작은 PoC(기술 검증)를 여러 개 시도하는 전략을 택했습니다.

Q 책에서 강조한 4가지 역량(소통, 문제 정의, 학습, 실행)에 대해 현장 리더로서 어떻게 생각하시는지 궁금합니다.

정말 100% 공감합니다. 제 경험에 비추어 하나씩 덧붙여 보자면, 소통은 '번역' 능력인 것 같습니다. 개발자의 외계어 같은 기술 용어를 정책 담당자의 언어로, 현업의 막연한 어려움을 개발자가 알아들을 수 있는 요구사항으로 바꿔주는 '중간자' 역할이 가장 중요합니다.

문제 정의는 '질문'하는 능력입니다. "AI 챗봇 만들어주세요"라는 요구를 들었을 때, "네"라고 답하기 전에 "왜 챗봇이 필요하다고 생각하세요? 우리가 진짜 해결해야 할 문제가 뭘까요?"라고 되물을 수 있는 용기가 필요합니다.

학습은 생존 기술입니다. 어제 나온 기술이 오늘 구식이 되는 시대니까요. 하지만 모든 걸 다 알 필요는 없습니다. '이 기술이 우리 시민의 어떤 문제를 해결할 수 있을까?'라는 관점을 유지하며 핵심만 파악하는 '야생의 학습법'이 중요하다고 봅니다.

실행은 결국 '보여주는' 것입니다. 말로만 혁신을 외치는 건 누구나 할 수 있습니다. 작더라도 눈에 보이는 성공 사례, 즉 '우리도 하니까 되더라'는 증거를 만들어 동료들을 설득하는 것이 실행의 핵심입니다.

Q — 마지막으로, 이제 막 변화의 첫발을 떼려는 예비 거점 리더들에게 조언을 해주신다면?

너무 거창하게 생각하지 마시라는 말씀을 드리고 싶습니다. 처음부터 조직 전체를 바꾸겠다는 생각은 쉽게 지치게 만듭니다.

당장 당신의 업무에서 가장 불편하고, 반복적이어서 짜증 나는 일 하나부터 시작해 보세요. 그 문제를 데이터로 해결해보려는 작은 시도가 당신을 가장 훌륭한 거점 리더로 만들어 줄 것입니다. 그리고 혼자 끙끙 앓지 마세요. 분명히 조직 내에, 그리고 다른 기관에 당신과 비슷한 고민을 하는 동료들이 있습니다. 용기 내어 그들을 찾아내고, 연결되고, 함께 하세요.

변화는 항상 가장자리에서, 당신과 같은 평범한 한 사람의 작은 호기심에서부터 시작됩니다. 당신이 바로 그 시작입니다.

부록 4

실습 워크시트 및 체크리스트

이론을 현실로 바꾸는 가장 좋은 방법은 직접 실행해보는 것입니다. 다음 워크시트와 체크리스트를 활용하여, 당신의 조직이 가진 문제를 진단하고 첫 번째 데이터 기반 프로젝트를 기획해 보세요.

워크시트 1: 데이터 기반 문제 정의서 Problem Statement Worksheet

4장에서 다룬 '문제 정의' 역량을 실습해 봅시다. 당신이 해결하고 싶은 문제를 아래 양식에 따라 구체적으로 정의해 보세요.

항목	질문 가이드	작성해보기
1. 사용자 (User)	**누가** 이 문제를 겪고 있습니까? (특정 시민 그룹, 동료, 부서 등)	
2. 문제 상황 (Problem)	그들은 **어떤** 핵심적인 어려움을 겪고 있습니까? (해결되지 않은 욕구는 무엇입니까?)	
3. 통찰 (Insight)	**왜** 이 문제가 발생한다고 생각하십니까? (관련 데이터나 객관적인 근거는 무엇입니까?)	
4. 핵심 질문 (Question)	이 문제를 해결하기 위해 우리가 답해야 할 **가장 중요한 질문**은 무엇입니까? (예: 어떻게 하면 ~할 수 있을까?)	
5. 기대 효과 (Impact)	이 문제를 해결하면 **무엇이 얼마나 좋**아집니까? (정성적/정량적 효과)	

체크리스트 1: 우리 조직 데이터 현주소 진단

7장을 바탕으로, 우리 조직의 데이터 준비성을 스스로 진단해 보세요. 각 항목에 대해 상/중/하 또는 예/아니오로 평가하고, 가장 취약한 부분이 어디인지 파악해 보세요.

단 영역	진단 항목	평가 (상/중/하)	비고
데이터 인프라 (뼈와 혈관)	1. 업무에 필요한 데이터가 잘 정리되어 있습니까?		
	2. 현업 담당자가 데이터에 쉽게 접근할 수 있습니까?		
	3. 부서 간 데이터 공유가 원활하게 이루어집니까?		
	4. 데이터를 분석할 기본적인 도구(엑셀 등)가 있습니까?		
데이터 문화 (정신과 태도)	5. 중요한 결정을 내릴 때 데이터를 근거로 삼습니까?		
	6. 데이터를 공유하는 것에 대해 개방적인 분위기입니까?		
	7. 새로운 시도나 실패를 용납하는 문화입니까?		
	8. 리더(상사)가 데이터의 중요성을 인지하고 있습니까?		
데이터 인력 (근육과 두뇌)	9. 데이터를 다룰 줄 아는 동료(혹은 나 자신)가 있습니까?		
	10. 데이터 역량 강화를 위한 교육이나 지원이 있습니까?		
	11. 데이터 분석 결과를 이해하고 활용하려는 의지가 있습니까?		
	12. IT/데이터 부서와 현업 부서의 협업이 잘 됩니까?		

▶ **종합 진단**

우리 조직의 가장 큰 강점은 (   )이고, 가장 시급히 개선해야 할 약점은 (   )이다.

워크시트 2: '작은 성공Small-Win' 프로젝트 기획안

8장을 바탕으로, 첫 번째 '작은 성공' 프로젝트를 만들기 위한 기획안을 간략하게 작성해 보세요.

1 프로젝트명:
(예: 빅데이터 분석을 통한 상습 불법주차 지역 예측 모델 개발)

2 배경 및 필요성(문제 정의 요약)**:**
(워크시트 1의 내용을 바탕으로, 왜 이 프로젝트가 필요한지 2~3줄로 요약)

3 SMART 목표:
- (S) 구체적으로:
- (M) 측정 가능하게:
- (A) 달성 가능하게:
- (R) 현실적으로:
- (T) 기한을 정해서:

4 **핵심 성공 지표^{KPI}:**

(무엇으로 성공을 판단할 것인가? 예: 예측 정확도 80% 달성, 민원 건수 20% 감소 등)

- KPI 1:
- KPI 2:

5 **필요 데이터 및 자원:**
- 데이터:
- 인력(팀):
- 기술/도구:

6 **예상 기간 및 주요 일정^{Milestones}:**
- 1주차:
- 2~3주차:
- 4주차:

7 기대 성과 및 확산 계획:

(이 프로젝트가 성공하면 어떤 긍정적인 변화가 생기며, 그 성공을 어떻게 조직 전체에 알릴 것인가?)

부록 5

자주 빠지는 함정과 극복 방법

  혁신의 여정은 언제나 순탄하지만은 않습니다. 의욕적으로 시작했지만 예상치 못한 암초를 만나 좌초하기도 합니다. 하지만 선배들이 겪었던 실수를 미리 안다면, 우리는 그 함정을 피해 갈 확률을 높일 수 있습니다. 데이터기반행정을 추진하는 과정에서 초보 거점 리더들이 가장 쉽게 빠지는 5가지 함정과 그 극복 방법을 소개합니다.

함정 1 기술 만능주의
: "최신 AI 시스템만 도입하면 모든 게 해결될 거야"

가장 흔하고 위험한 함정입니다. 문제에 대한 고민 없이, '빅데이터 플랫폼 구축', 'AI 챗봇 도입' 등 기술과 해결책부터 정해놓고 사업을 추진하는 경우입니다.

- **증상**: "어떤 시스템을 만들까?"를 먼저 묻는다. 우리 조직의 진짜 문제보다 최신 기술 동향에 더 관심이 많다.
- **결과**: 막대한 예산을 들여 만든 시스템이 현장의 문제와 동떨어져 아무도 사용하지 않는 '장식품'으로 전락한다.
- **극복 방법**:
    ① 질문의 순서를 바꿔라: "무엇을 만들까(What)"가 아니라 "어떤 문제를 해결할까(Why)"부터 시작하라.(4장 참고)
    ② 작게 증명하라: 거창한 시스템 구축 계획 대신, 핵심 아이디어를 빠르게 검증하는 작은 PoC(기술 검증)를 통해 효과를 먼저 입증하라.(8장 참고)

함정 2 완벽한 데이터주의
: "데이터가 깨끗해질 때까지 기다려야 해"

데이터를 분석하기 전, 완벽하게 정제되고 모든 항목이 채워진 데이터를 확보해야 한다는 강박입니다. 그러나 완벽한 데이터는 현실에 존재하지 않습니다.

- **증상**: "데이터에 오류가 너무 많아", "데이터 양이 부족해서 분석할 수 없어"라며 시작을 미룬다. 데이터 정제 작업에만 몇 달을 쏟는다.
- **결과**: 분석을 시작도 못 하고 시간만 허비하다가 프로젝트 동력을 잃는다.
- **극복 방법**:
  ① 가진 것부터 시작하라: 100% 완벽한 데이터가 아닌 '쓸만한(Good enough)' 데이터로도 충분히 의미 있는 통찰을 얻을 수 있다.
  ② 데이터 정제는 과정이다: 데이터 정제는 분석의 '준비 단계'가 아니라 분석 '과정의 일부'임을 이해하라. 탐색적 분석을 통해 데이터의 문제점을 파악하고, 필요한 부분만 점진적으로 개선해나가라.

함정 3 나 홀로 전문가
: "설명하는 것보다 내가 직접 하는 게 빨라"

데이터 분석부터 보고서 작성, 동료 설득까지 모든 것을 혼자 해결하려는 함정입니다. 혼자서는 절대 멀리 갈 수 없습니다.

- **증상**: "다른 사람들은 잘 몰라", "이건 내 전문 분야야"라며 정보를 독점하고, 협업을 꺼린다. 회의 소집 대신 혼자 야근하는 것을 택한다.
- **결과**: 본인은 번아웃되고, 프로젝트 결과물은 동료들의 공감을 얻지 못해 사장된다.
- **극복 방법**:
  ① 당신의 팀을 만들어라: 프로젝트 초기부터 현업 담당자, IT 전문가, 의사결정권자를 참여시켜라. 그들이 프로젝트의 '구경꾼'이 아닌 '주인'이 되게 하라. (9장 참고)
  ② 촉진자가 되어라: 당신이 모든 답을 제시할 필요는 없다. 동료들의 집단 지성을 이끌어내고, 갈등을 조율하는 '소통의 허브'가 되는 것이 더 중요한 역할이다. (3장 참고)

함정 4 한 방 노리기
: "이번 프로젝트로 조직을 한번에 바꾸겠어"

처음부터 너무 크고, 어렵고, 모든 것을 바꾸려는 '거대 프로젝트'에 도전하는 것입니다. 이는 '하이 리스크, 제로 리턴 High Risk, Zero Return'으로 끝날 가능성이 높습니다.

- **증상**: "기왕 하는 거, 제대로 해야지"라며 사업 범위와 예산을 계속 키운다. 단기 성과보다 장기적인 청사진만 강조한다.
- **결과**: 작은 실패에도 프로젝트 전체가 좌초되고, "역시 데이터 행정은 안돼"라는 부정적인 선례만 남긴다.
- **극복 방법**:
    ① 작은 성공에 집중하라: 조직 전체를 바꾸려는 시도 대신, 3개월 안에 성과를 낼 수 있는 작지만 의미 있는 성공(Small-win) 사례를 만드는 데 집중하라. (7장 참고)
    ② 성공을 전염시켜라: 작은 성공의 경험은 변화에 대한 저항을 줄이는 가장 좋은 백신이다. 이 성공 스토리를 조직 전체에 효과적으로 '전시'하고, 다음 도전을 위한 동력으로 삼아라.

함정 5 침묵하는 결과물
: "분석은 끝났으니, 보고서는 공유 폴더에"

훌륭한 분석을 통해 의미 있는 결과를 도출하고도, 이를 제대로 알리고 설득하는 데 실패하는 경우입니다.

- **증상**: 숫자와 그래프로 가득한 두꺼운 보고서를 제출하는 것으로 자신의 역할이 끝났다고 생각한다.
- **결과**: 아무도 보고서를 읽지 않고, 당신의 노력은 아무도 모르게 사라진다. 의사결정에 아무런 영향을 미치지 못한다.
- **극복 방법**:
    ① 스토리텔러가 되어라: 데이터를 '이야기'로 만들어라. '문제-원인-해결-기대효과'의 흐름으로 결과를 재구성하여, 듣는 사람의 공감을 얻어내라. (6장 참고)
    ② 결과를 번역하라: 분석 결과를 '업무상의 가치'로 번역해서 전달하라. "모델 정확도가 5% 향상되었습니다"가 아니라, "이를 통해 연간 1,000만 원의 예산을 절감할 수 있습니다"라고 말해야 한다.

부록 6

상사와 조직을 설득하는 기술

아무리 훌륭한 아이디어와 분석 결과도, 의사결정권자의 동의와 조직의 지원 없이는 한 걸음도 나아가기 어렵습니다. 거점 리더에게 '설득'은 선택이 아닌 필수 역량입니다. 이 장에서는 당신의 제안이 단순한 '아이디어'를 넘어, 조직의 '공식 과제'로 채택되게 만드는 현실적인 설득의 기술을 소개합니다.

1단계: 그들의 언어로 말하라 Speak Their Language

상사와 조직이 가장 중요하게 생각하는 것은 무엇일까요? 바로 '성과', '예산', '효율', 그리고 '안정성'입니다. 당신의 제안을 그들의 관심사에 맞춰 '번역'하는 과정이 설득의 첫걸음입니다.

'기술'을 '가치'로 번역하라:

- 이렇게 말하지 마세요: "머신러닝 예측 모델의 정확도를 85%까지 올렸습니다."
- 이렇게 말하세요: "새로운 예측 모델을 통해, 연간 5천만 원의 불필요한 예산 낭비를 막을 수 있습니다."

'문제'를 '기회'로 번역하라:

- 이렇게 말하지 마세요: "반복되는 민원으로 업무가 마비될 지경입니다."
- 이렇게 말하세요: "이 민원 데이터를 분석하면 업무 프로세스를 자동화하여, 직원들이 더 중요한 정책 기획에 집중할 수 있는 기회가 생깁니다."

'나의 성과'를 '조직의 목표'와 연결하라:

당신의 프로젝트가 기관의 핵심 성과 목표KPI나 기관장의 지시 사항과 어떻게 연결되는지를 명확히 보여주세요. "이 프로젝트는 기관장님께서 강조하신 '시민 만족도 향상' 목표 달성에 직접적으로 기여할 수 있습니다."

2단계: 데이터를 무기로, 스토리를 방패로

Data as a Weapon, Story as a Shield

설득의 과정은 논리와 감성을 모두 공략해야 하는 전투와 같습니다. 이때, 데이터는 반박할 수 없는 '무기'가 되고, 스토리는 듣는 사람의 마음을 움직이는 '방패'가 됩니다.

한 장으로 보여주는 증거Evidence:

두꺼운 보고서 대신, 프로젝트의 핵심 내용을 한 장으로 요약한 '원페이지 제안서One-Page Proposal'를 활용하세요. (아래 템플릿 참고)

숫자에 이야기를 입혀라:

단순히 "민원 건수가 30% 감소했습니다"라고 말하는 대신, 스토리를 만들어 보세요. "과거 매일같이 야근하던 A 주무관이, 이제 정시에 퇴근해 가족과 저녁을 함께하게 되었습니다. 새로운 시스템이 A 주무관의 반복 업무를 덜어준 덕분입니다. 이 변화를 통해 우리 부서 전체의 업무 만족도가 15% 상승했습니다."

성공 사례PoC를 활용하라:

"만약 ~한다면"이라는 가정법 대신, "저희가 작게 실험해보니(PoC), 실제로 이런 결과가 나왔습니다"라는 과거형으로 말하세요. 이미 검증된 작은 성공은 미래의 불확실성에 대한 불안감을 크게 줄여줍니다.

> **3단계**: 예상 질문에 답하고, 우군을 확보하라
> Answer Questions, Secure Allies
>
> 보고 자리에서는 반드시 반대 의견이나 어려운 질문이 나오게

마련입니다. 이를 미리 예측하고 대비하는 것은 당신의 제안이 얼마나 깊이 고민되었는지를 보여주는 척도입니다.

'킬러 질문' 리스트 만들기:

보고에 앞서, 스스로에게 가장 곤란한 질문들을 던져보고 답변을 준비하세요.
- "그래서 예산은 얼마나 드는데?"
- "기존 업무랑 중복되는 거 아니야?"
- "이거 실패하면 누가 책임질 건데?"
- "그거 할 사람이 있기는 해?"

혼자 싸우지 마라:

보고 자리에 들어가기 전에, 당신의 프로젝트를 지지해 줄 '우군'을 미리 확보하세요.
- **현업 부서**: "이 프로젝트 덕분에 저희 업무가 정말 편해졌습니다."라고 증언해 줄 동료
- **IT 부서**: 기술적인 질문에 대신 답변해 줄 기술 전문가

- **외부 전문가**: 필요하다면, 외부 전문가의 자문 의견을 인용하여 제안의 신뢰도를 높일 수 있습니다.

실전 팁 1페이지 프로젝트 제안서 템플릿

프로젝트명	(간결하고 명확하게, 가치가 드러나도록 작성)
문제 정의 (As-Is)	• 현황/문제: (현재 우리가 겪는 문제점은 무엇인가?) • 원인/근거: (데이터 분석 결과, 이 문제의 핵심 원인은 무엇인가?)
해결 방안 (To-Be)	• 솔루션: (이 문제를 해결하기 위한 구체적인 아이디어는 무엇인가?) • 실행 계획: (누가, 무엇을, 언제까지 할 것인가?)(PoC 결과 요약 포함)
기대 효과 (Impact)	• 정량적 효과: (예산 절감, 시간 단축, 민원 감소율 등 숫자로 표현) • 정성적 효과: (업무 효율 증대, 시민 만족도 향상, 직원 사기 진작 등)
필요 자원	• 예산: ○○○원 • 인력: ○명 (A부서 협조 필요)

부록 7

참고 문헌
References

이 책은 특정 문헌을 직접적으로 인용하거나 발췌하여 구성되지 않았습니다. 각 장의 핵심적인 아이디어를 발전시키는 과정에서 다음과 같은 학문적 논의, 이론, 그리고 공개된 자료들의 개념을 활용하였습니다. 독자들의 깊이 있는 학습을 위해 각 장의 이론적 배경이 되는 개념과 아이디어의 출처를 밝힙니다.

| 제1장 | 행정의 패러다임이 바뀌고 있다

디지털 정부 및 전자정부(Digital & E-Government) 이론

UN E-Government Survey
- United Nations Department of Economic and Social Affairs (UN DESA). (2024). *UN E-Government Survey 2024: Accelerating Digital Transformation for Sustainable Development*. New York: United Nations. https://publicadministration.un.org/egovkb/en-us/Reports/UN-E-Government-Survey-2024

- UN의 전자정부 발전 지수(EGDI)는 온라인 서비스 지수, 통신 인프라 지수, 인적자본 지수를 통해 193개 회원국의 디지털 정부 발전 수준을 평가합니다.

OECD Digital Government Studies

- OECD. (2020). *The OECD Digital Government Policy Framework*. OECD Public Governance Policy Papers. Paris: OECD Publishing. https://www.oecd.org/governance/digital-government/
- OECD. (2023). *2023 OECD Digital Government Index (DGI)*. Paris: OECD Publishing. https://www.oecd.org/en/publications/2023-oecd-digital-government-index_1a89ed5e-en.html
- OECD의 디지털 정부 정책 프레임워크는 디지털 중심 설계(digital by design), 데이터 기반 공공부문(data-driven public sector), 플랫폼으로서의 정부(government as a platform) 등 6대 핵심 원칙을 제시합니다.

데이터 기반 의사결정(Data-Driven Decision Making, DDDM)

OECD Data-Driven Public Sector

- OECD. (2019). *The Path to Becoming a Data-Driven Public Sector*. OECD Digital Government Studies. Paris: OECD Publishing.
- 데이터 기반 정부가 어떻게 21세기의 기회를 극대화할 수 있는지에 대한 모델을 제시하며, 예측·계획, 정책 설계, 서비스 전달의 세 가지 영역에서 데이터 활용 방법을 설명합니다.

공공 데이터 개방 정책

국내 정책 자료

- 행정안전부. (연도별). 〈디지털 정부 혁신 우수사례집〉

한국지능정보사회진흥원(NIA). (연도별). 〈공공부문 데이터 분석 활용 우수사례집〉

| 제2장 | 거점 리더, 그는 누구인가?

변혁적 리더십(Transformational Leadership) 이론

학술 문헌

- Bass, B. M. (1985). *Leadership and Performance Beyond Expectations*. New York: Free Press.
- Bass, B. M., & Riggio, R. E. (2006). *Transformational Leadership* (2nd ed.). Mahwah, NJ: Lawrence Erlbaum Associates.
- 변혁적 리더십은 조직 구성원들에게 비전을 제시하고, 동기를 부여하며, 개인의 잠재력을 개발하여 조직의 변화를 이끌어내는 리더십 유형입니다.

경계 확장자(Boundary Spanner) 개념

학술 문헌

- Aldrich, H., & Herker, D. (1977). Boundary spanning roles and organization structure. *Academy of Management Review*, 2(2), 217-230.
- Tushman, M. L., & Scanlan, T. J. (1981). Boundary spanning individuals: Their role in information transfer and their antecedents. *Academy of Management Journal*, 24(2), 289-305.
- 조직 내외부의 경계를 넘나들며 정보를 전달하고 협력을 촉진하는 역할에 대한 개념입니다.

변화 관리 에이전트(Change Agent) 모델

학술 문헌
- Rogers, E. M. (2003). *Diffusion of Innovations* (5th ed.). New York: Free Press.
- Caldwell, R. (2003). Models of change agency: A fourfold classification. *British Journal of Management*, 14(2), 131-142.
- 조직 변화를 주도하고 촉진하는 개인 또는 집단의 역할과 특성을 설명합니다.

| 제3장~제6장 | 거점 리더의 4대 핵심 역량

① 소통: 퍼실리테이션(Facilitation) 기법

학술 및 실무 문헌
- Schwarz, R. (2002). *The Skilled Facilitator: A Comprehensive Resource for Consultants, Facilitators, Managers, Trainers, and Coaches* (2nd ed.). San Francisco: Jossey-Bass.
- Kaner, S. (2014). *Facilitator's Guide to Participatory Decision-Making* (3rd ed.). San Francisco: Jossey-Bass.
- 그룹의 소통과 협업을 촉진하고, 집단 지성을 끌어내는 퍼실리테이션 방법론입니다.

② 문제 정의: 디자인 씽킹(Design Thinking)

Stanford d.school 자료

Stanford d.school. (n.d.). *An Introduction to Design Thinking: Process Guide*. Stanford University. https://dschool.stanford.edu/

Plattner, H., Meinel, C., & Leifer, L. (Eds.). (2011). *Design Thinking: Understand –*

Improve—Apply. Berlin: Springer.

Brown, T. (2009). *Change by Design: How Design Thinking Transforms Organizations and Inspires Innovation.* New York: HarperBusiness.

핵심 기법

- **How Might We (HMW) 질문 기법**: 문제를 기회로 재구성하는 질문 방법론으로, 스탠퍼드 d.school에서 개발되어 널리 활용되고 있습니다.
- **공감(Empathy) – 정의(Define) – 아이디어 도출(Ideate) – 프로토타입(Prototype) – 테스트(Test)**: 사용자 중심의 문제 해결 5단계 프로세스입니다.

③ **학습**: 학습 조직(Learning Organization) 이론

Peter Senge의 학습 조직 이론

- Senge, P. M. (1990). *The Fifth Discipline: The Art and Practice of the Learning Organization.* New York: Doubleday/Currency.
- Senge, P. M. (2006). *The Fifth Discipline: The Art and Practice of the Learning Organization* (Revised and Updated Edition). New York: Crown Business.

5가지 핵심 수련(Five Disciplines)

① **시스템 사고**(Systems Thinking): 전체를 보는 통합적 사고
② **개인적 숙련**(Personal Mastery): 개인의 지속적 학습과 성장
③ **정신 모델**(Mental Models): 고정관념의 인식과 개선
④ **공유 비전**(Shared Vision): 조직 구성원의 공통된 목표
⑤ **팀 학습**(Team Learning): 팀 단위의 집단 학습

AI 윤리 및 데이터 리터러시

- European Commission. (2019). *Ethics Guidelines for Trustworthy AI.* Brussels:

- European Commission.
- OECD. (2019). *Recommendation of the Council on Artificial Intelligence*. Paris: OECD Publishing.

④ 실행: 애자일(Agile) 및 린 스타트업(Lean Startup) 방법론

Agile 방법론
- Beck, K., et al. (2001). *Manifesto for Agile Software Development*. https://agilemanifesto.org/
- Sutherland, J., & Schwaber, K. (2020). *The Scrum Guide*. https://scrumguides.org/

Lean Startup 방법론
- Ries, E. (2011). *The Lean Startup: How Today's Entrepreneurs Use Continuous Innovation to Create Radically Successful Businesses*. New York: Crown Business.

핵심 개념
- **최소기능제품**(MVP, Minimum Viable Product): 최소한의 기능으로 빠르게 시장 반응을 테스트
- **개념증명**(PoC, Proof of Concept): 아이디어의 실현 가능성을 검증
- **반복적 개선**(Iterative Improvement): 작은 주기로 실행하고 개선하는 방식

| 제7장 | 우리 조직 데이터 현주소 파악하기

데이터 성숙도 모델(Data Maturity Model)

학술 및 실무 문헌
- CMMI Institute. (2018). *Data Management Maturity (DMM) Model*. Pittsburgh: CMMI Institute.

- Gartner. (연도별). *Gartner Data and Analytics Maturity Model*. Stamford, CT: Gartner, Inc.
- 데이터 관리 역량을 평가하는 성숙도 모델로, 인프라, 문화, 인력 등의 핵심 진단 항목을 포함합니다.

스몰 윈(Small-win) 전략

학술 문헌

- Weick, K. E. (1984). Small wins: Redefining the scale of social problems. *American Psychologist*, 39(1), 40-49.
- 작은 성공 경험을 통해 큰 변화를 이끌어내는 심리학 및 조직 변화 전략으로, 점진적 접근의 중요성을 강조합니다.

| 제8장 | 성공적인 프로젝트 추진의 모든 것

SMART 목표 설정 원칙

학술 문헌

- Doran, G. T. (1981). There's a S.M.A.R.T. way to write management's goals and objectives. *Management Review*, 70(11), 35-36.
- Locke, E. A., & Latham, G. P. (2002). Building a practically useful theory of goal setting and task motivation: A 35-year odyssey. *American Psychologist*, 57(9), 705-717.

SMART 구성요소
- **Specific**(구체적): 명확하고 구체적인 목표
- **Measurable**(측정가능한): 정량적으로 측정 가능한 지표

- **Achievable**(달성가능한): 현실적으로 달성 가능한 수준
- **Relevant**(관련성 있는): 조직 목표와 연계된 의미
- **Time-based**(시한이 있는): 명확한 기한 설정

핵심 성과 지표(Key Performance Indicator, KPI)

실무 문헌
- Parmenter, D. (2015). *Key Performance Indicators: Developing, Implementing, and Using Winning KPIs* (3rd ed.). Hoboken, NJ: John Wiley & Sons.
- Marr, B. (2012). *Key Performance Indicators: The 75 Measures Every Manager Needs to Know*. Harlow, UK: Pearson Education.

| 제9장 | 조직의 저항을 넘어 변화를 이끄는 법

변화 관리 모델(Change Management Model)

John Kotter의 변화 관리 8단계 모델
- Kotter, J. P. (1996). *Leading Change*. Boston: Harvard Business School Press.
- Kotter, J. P. (2012). *Leading Change* (New Edition). Boston: Harvard Business Review Press.
- Kotter, J. P. (2014). *Accelerate: Building Strategic Agility for a Faster-Moving World*. Boston: Harvard Business Review Press.

Kotter의 8단계
① 위기의식 조성(Create a Sense of Urgency)
② 강력한 추진팀 구성(Build a Guiding Coalition)
③ 비전과 전략 수립(Form a Strategic Vision and Initiatives)

④ 비전 공유(Enlist a Volunteer Army)
⑤ 장애물 제거(Enable Action by Removing Barriers)
⑥ 단기 성과 창출(Generate Short-term Wins)
⑦ 변화 가속화(Sustain Acceleration)
⑧ 변화 정착(Institute Change)

이해관계자 관리(Stakeholder Management) 이론

프로젝트 관리 문헌

- Project Management Institute (PMI). (2021). *A Guide to the Project Management Body of Knowledge (PMBOK®Guide)* (7th ed.). Newtown Square, PA: PMI.
- Freeman, R. E. (2010). *Strategic Management: A Stakeholder Approach*. Cambridge: Cambridge University Press.
- 프로젝트 성공을 위해 다양한 이해관계자를 식별하고, 참여시키고, 소통하는 전략입니다.

| 제10장~제11장 | 행정의 미래와 리더의 성장

디지털 역량 프레임워크(Digital Competency Framework)

EU DigComp

- Carretero, S., Vuorikari, R., & Punie, Y. (2017). *DigComp 2.1: The Digital Competence Framework for Citizens*. EUR 28558 EN. Luxembourg: Publications Office of the European Union.
- European Commission. (2022). *DigComp 2.2: The Digital Competence Framework for Citizens*. Luxembourg: Publications Office of the European Union.
- 미래 인재에게 요구되는 핵심 디지털 역량을 정의한 유럽연합의 프레임워크입

니다.

지능형 정부(Intelligent Government) 및 예측 행정(Predictive Administration)

국내외 연구 자료
- World Bank. (2021). World Development Report 2021: Data for Better Lives. Washington, DC: World Bank.
- European Commission. (2020). White Paper on Artificial Intelligence: A European Approach to Excellence and Trust. Brussels: European Commission.
- 국내외 학계 및 정부 연구기관에서 논의되는 미래 정부의 모습에 대한 전망 보고서들을 참고했습니다.

현장 인터뷰 및 사례
본문에 등장하는 인터뷰와 사례는 특정 인물이나 기관의 실제 사례가 아닙니다. 다음의 공개된 자료들에서 나타나는 공통적인 성공 요인과 어려움을 종합하여 가상의 인물과 상황으로 재구성한 것입니다:
- 행정안전부. (연도별). 〈디지털 정부 혁신 우수사례집〉
- 한국지능정보사회진흥원(NIA). (연도별). 〈공공부문 데이터 분석 활용 우수사례집〉
- 행정안전부, 한국지능정보사회진흥원(NIA). (연도별). AI데이터분석 전문인재 양성과정 교육생 인터뷰

추가 참고 자료

조직 문화 및 리더십
- Schein, E. H. (2010). *Organizational Culture and Leadership* (4th ed.). San Francisco: Jossey-Bass.

- Cameron, K. S., & Quinn, R. E. (2011). *Diagnosing and Changing Organizational Culture: Based on the Competing Values Framework* (3rd ed.). San Francisco: Jossey-Bass.

혁신 및 창의성
- Christensen, C. M. (1997). *The Innovator's Dilemma: When New Technologies Cause Great Firms to Fail*. Boston: Harvard Business School Press.
- Amabile, T. M. (1998). How to kill creativity. *Harvard Business Review*, 76(5), 76-87.

데이터 분석 및 AI
- Provost, F., & Fawcett, T. (2013). *Data Science for Business: What You Need to Know about Data Mining and Data-Analytic Thinking*. Sebastopol, CA: O'Reilly Media.
- Davenport, T. H., & Harris, J. G. (2007). *Competing on Analytics: The New Science of Winning*. Boston: Harvard Business School Press.

[저자 주]
이 참고문헌 목록은 각 장의 이론적 배경을 이루는 주요 개념과 아이디어의 출처를 독자들에게 안내하기 위한 것입니다. 모든 내용은 저자의 고유한 해석과 재구성을 거쳐 공공부문의 데이터기반행정이라는 맥락에 맞게 적용되었습니다. 더 깊이 있는 학습을 원하시는 독자들께서는 이 문헌들을 직접 참고하시기를 권장합니다.

AI 거점 리더

초판 1쇄 발행 2025년 12월 12일

지은이 조용탁
편집 공홍
표지 디자인 스튜디오 사지
내지 디자인 공홍

마케팅 총괄 이유림
마케팅 안보라
경영지원 이순미

펴낸곳 플랜비디자인 | **펴낸이** 최익성
출판등록 제2016-000001호
주소 경기도 화성시 동탄첨단산업1로 27 동탄IX타워 A동 3210호

전화 031-8050-0508 | **팩스** 02-2179-8994
이메일 planbdesigncompany@gmail.com | **인스타** planb_designcompany

ISBN 979-11-6832-227-1 (03320)

- 이 책 내용의 일부 또는 전부를 재사용하려면 반드시 저작권자와 플랜비디자인 양측의 동의를 받아야 합니다.
- 책값은 뒤표지에 있습니다.